LES
OPÉRATIONS MILITAIRES

SUR LA

FRONTIÈRE DE LA SAVOIE ET DU HAUT DAUPHINÉ

AU XVIIIe SIÈCLE

GUERRE DE LA SUCCESSION D'ESPAGNE

PAR

le Capitaine VALOT

DU 30e RÉGIMENT D'INFANTERIE

PARIS

LIBRAIRIE MILITAIRE DE L. BAUDOIN

IMPRIMEUR-ÉDITEUR

30, Rue et Passage Dauphine, 30

1896

LES
OPÉRATIONS MILITAIRES

SUR LA

FRONTIÈRE DE LA SAVOIE ET DU HAUT DAUPHINÉ

AU XVIIIe SIÈCLE.

GUERRE DE LA SUCCESSION D'ESPAGNE.

Extrait du **Journal des Sciences militaires**

(1895-1896)

LES OPÉRATIONS MILITAIRES

SUR LA

FRONTIÈRE DE LA SAVOIE ET DU HAUT DAUPHINÉ

AU XVIIIe SIÈCLE

GUERRE DE LA SUCCESSION D'ESPAGNE

PAR

le Capitaine VALOT

DU 30e RÉGIMENT D'INFANTERIE

PARIS

LIBRAIRIE MILITAIRE DE L. BAUDOIN

IMPRIMEUR-ÉDITEUR

30, Rue et Passage Dauphine, 30

1896

LES
OPÉRATIONS MILITAIRES

SUR LA

FRONTIÈRE DE LA SAVOIE ET DU HAUT DAUPHINÉ

AU XVIIIe SIÈCLE.

GUERRE DE LA SUCCESSION D'ESPAGNE[1].

PREMIÈRE PARTIE.

CAMPAGNES DU MARÉCHAL DE TESSÉ, DU DUC DE LA FEUILLADE[2]
ET DU MARÉCHAL DE VILLARS (1703-1708).

Situation générale. — Les causes de la guerre de la Succession d'Espagne et les circonstances dans lesquelles elle fut engagée sont trop connues pour qu'il soit nécessaire de les rappeler. Il suffira de faire ressortir qu'au début des opérations, le duc de Savoie, Victor-Amédée II, était notre allié ; mais c'était, comme on le vit bientôt, un allié chancelant, dont la fidélité ne devait pas résister au fâcheux contre-coup des défaites successives de Catinat et de Villeroy en Italie, et aux suggestions de l'empereur d'Autriche.

A l'instigation du prince Eugène, celui-ci fit faire des offres séduisantes au duc de Savoie : la cession de la Lomelline, du Vigevanasque, de l'Alexandrin, de la vallée de la Sésia et des Langhes, avec la promesse d'un secours de 20,000 hommes à joindre à ses troupes.

---

[1] *Sources :* Lieutenant-général PELET, *Documents pour servir à l'Histoire de France ;* SALUCES, *Histoire du Piémont ;* CARUTTI, *Histoire de Victor Amédée.*

[2] Consulter les feuilles n°s 23, 24, 27 et 28 de la carte de France au 1/320,000°.

Le duc crut pouvoir conduire secrètement ces négociations avec l'Autriche, mais Louis XIV avait à la cour de Turin deux émissaires bien placés pour le renseigner. Par la comtesse d'Orco [1] et la comtesse de Verrue, que notre ambassadeur appelait les deux Dalilas de Victor-Amédée, Louis XIV fut tenu au courant des agissements de ce dernier. Il refusait pourtant de croire que les intérêts du duc lui conseillassent une rupture, lorsque, pour brusquer le dénouement des négociations, la cour de Vienne publia le traité d'alliance comme s'il était signé. Louis XIV répondit à cette publication par un de ces coups d'autorité dont il était coutumier. Il donna l'ordre au duc de Vendôme qui commandait l'armée française en Italie de désarmer les troupes de Victor-Amédée qui étaient sous ses ordres et de les incorporer aux siennes en retenant les officiers prisonniers. Pareille mesure fut prise en Flandre à l'égard des soldats piémontais.

Matériellement, le coup fut très sensible au duc de Savoie. Il le privait de 5,000 hommes de ses meilleures troupes et ne lui laissait, en dehors des garnisons qui étaient dans ses places fortes, que 3,000 soldats pour tenir la campagne. Moralement, ce fut pour Victor-Amédée une cruelle humiliation. Il riposta en faisant arrêter les ambassadeurs de France et d'Espagne et en déclarant la guerre aux deux couronnes. Il témoigna son indignation dans ces quelques mots de son manifeste : « Preferisco « di morire colle armi alla mano all' onta di lasciarmi oppri- « mere ».

La duplicité du duc de Savoie resta hors de doute, malgré ses protestations, mais on ne peut lui contester l'énergie dont il fit preuve, non pas seulement en paroles, mais surtout en actes. Le prince Eugène ne négligea, du reste, rien pour exalter la fierté et le zèle de son cousin. Il avait été un des plus actifs inspirateurs de l'alliance conclue avec le duc. Il demeura l'âme et le ressort de la guerre sur la frontière de l'Italie. Victor-Amédée leva de nouveaux corps, appela les milices royales sous les armes et fit réparer ses places. Son peuple le seconda.

---

[1] La comtesse d'Orco servait si bien les intérêts de l'Electeur de Bavière, et partant ceux de Louis XIV, qu'elle avait projeté de faire enlever le duc de Savoie pendant une chasse à la vénerie ducale.

La situation créée aux troupes du duc de Vendôme, aussi bien qu'à celles du duc de Savoie par ce nouvel état de choses, était singulière.

Le premier était coupé de ses communications directes avec la France ; il n'avait plus à son service que la voie très détournée du Simplon et du Valais ; quant au second, il ne pouvait se tenir en relation avec ses alliés d'Allemagne que par la voie de Gênes et la mer. Vendôme interposé entre eux leur barrait la route du Pô.

Cette situation explique l'intérêt que nous devions avoir à nous emparer de Nice et de la rivière de Gênes, à occuper le val d'Aoste et Yvrée, et surtout à tenter de rouvrir les communications avec Vendôme par la route directe du mont Cenis, de Suse et de Turin. Mais par là, il fallait, pour réussir, détruire l'armée piémontaise dans un grand engagement. Il y avait bien aussi la route des Vallées vaudoises, sur laquelle nous avions une porte ouverte avec Fenestrelle ; mais elle était rendue peu sûre par les incursions incessantes des Barbets sur la frontière du Dauphiné.

La Cour pouvait hésiter entre les différents partis à prendre. Toutefois, il en était un qu'elle ne pouvait différer, c'était de faire la conquête de la Savoie, afin d'assurer la liberté de ses mouvements ultérieurs.

I. — Conquête de la Savoie.

Campagnes du maréchal de Tessé et du duc de La Feuillade 1703-1704. — On était au mois d'octobre 1703.

Le maréchal de Tessé, désigné pour commander les troupes que l'on allait rassembler dans le Dauphiné et la Provence, se prépara à envahir les possessions de Victor-Amédée en deçà des Alpes.

On promit au maréchal 25 bataillons et 19 escadrons à tirer du Languedoc, d'Allemagne et de Flandre.

Pour l'instant il était autorisé à lever 6 bataillons de milices dans le Dauphiné.

Vers les premiers jours de novembre il eut, autour de Grenoble, 7 bataillons de troupes régulières et 1 régiment de dragons.

Le maréchal avait tiré quelques pièces de canon de Briançon. Il n'y avait pas là, comme on le voit, surtout si l'on compte que les bataillons d'infanterie étaient à peine de 300 hommes, les éléments d'une armée de campagne bien sérieuse, et il fallait être assuré que le duc de Savoie ne disposait que de peu de troupes pour entreprendre dans ces conditions la conquête de ses États héréditaires.

Jusqu'alors, en effet, l'entrée de ce pays avait été bien gardée par la place de Montmélian. Cette forteresse avait une grande réputation et la méritait. Elle avait eu, à un siècle d'intervalle, les honneurs de deux sièges mémorables, dirigés l'un par Sully, l'autre par Catinat, et dont le dernier dura une année.

Aussi dans les guerres antérieures, Louis XIII en 1630, et le lieutenant général de Saint-Ruth en 1690, pour ne pas se heurter à un obstacle de cette importance, avaient-ils fait l'invasion de la Savoie par Chambéry, Annecy et Conflans.

Pour l'instant, Victor-Amédée était pris au dépourvu. Le marquis de Sales, qui commandait en Savoie, ne disposait que de 6 bataillons de milices levés dans le pays. Il fit retrancher et palissader les avenues de Chambéry et occuper les châteaux d'Apremont et des Marches, ainsi que les tours de Chignin, sentinelles avancées de la forteresse de Montmélian.

6,000 hommes, disait-on, devaient venir par le val d'Aoste pour renforcer les défenseurs de la Savoie.

Les troupes et les services auxiliaires de M. de Tessé furent concentrés à Fort-Barraux. Situé sur la frontière du Dauphiné, ce fort n'avait pas la valeur défensive de la place savoyarde. Il avait été construit par les Espagnols au temps de Lesdiguières, et pris par celui-ci au moment où on venait de l'achever.

Quoique dirigé à l'origine contre nous, il n'en constituait pas moins une protection sérieuse pour la tête de la vallée du Grésivaudan, et un solide point d'appui pour une armée, qui de là pouvait s'étendre jusqu'à l'Isère et barrer la route de Chambéry à Grenoble.

Le 15 novembre, le maréchal de Tessé avait reçu de nouvelles troupes. Son artillerie et ses vivres étant arrivés à Barraux, il laissa 2 bataillons et un escadron à la garde du fort, et se porta sur Chambéry avec 5 bataillons, 2 escadrons et 6 pièces de canon.

Le marquis de Sales n'attendit pas d'y être attaqué. Il se retira sous Montmélian avec 2,000 hommes de milices et 100 chevaux.

La ville de Chambéry ouvrit ses portes, sous la promesse qu'elle ne serait pas pillée. Les autorités firent leur soumission. Les troupes françaises occupèrent aussi facilement Rumilly et Annecy, les jours suivants.

M. de Sales laissa une garnison à Montmélian et se retira à Conflans.

Le comte de Tessé ne voulut pas, avec les troupes dont il disposait, se risquer trop en avant en Savoie. Il lui fallait occuper Thonon et Évian par 2 bataillons pour isoler Genève. Les relations de Victor-Amédée avec la Suisse rendaient cette mesure nécessaire. La difficulté où il se trouvait de défendre la Savoie avait engagé le duc à proposer l'agrégation de cette province à la Confédération helvétique.

Le maréchal jugea prudent de se replier momentanément sous Barraux en attendant des renforts.

Il pressa la levée des milices du Dauphiné et put bientôt en disposer pour la garde de ce pays et pour l'occupation de Pontcharra, en face de Fort-Barraux.

Le duc de La Feuillade remplace le maréchal de Tessé. — A ce moment, le comte de Tessé, désigné pour aller prendre un commandement en Lombardie, fut remplacé par le duc de La Feuillade.

Achèvement de la conquête de la Savoie (décembre 1703). — Le 15 décembre, celui-ci donna ordre à M. de Vallière, avec 5 bataillons et 2 canons, d'occuper Annecy, Thonon, Évian et La Roche. On trouve dans les archives municipales d'Annecy quelques détails pittoresques, mais d'un intérêt tout local, sur la prise de cette ville. La garnison se retira sur le corps de M. de Sales, à Saint-Pierre-d'Albigny.

De Chambéry, le duc de La Feuillade organisa la poursuite contre le marquis de Sales. Dans la nuit du 19 au 20 il fit marcher à la fois sur Aiguebelle et sur Saint-Pierre-d'Albigny, puis il fit occuper le château de Miolans.

La petite colonne dirigée sur Aigueblle, et commandée par M. de Montremy s'empara de cette localité. Le 24 au matin, elle se heurta à une colonne de 700 ou 800 hommes à Epierre. Ceux-ci se retirèrent par les montagnes et se replièrent au delà de La Chambre. Ce poste fut occupé, ainsi qu'Aiguebelle, puis M. de

Montremy, ignorant si la colonne de Tarentaise s'était emparée de Conflans, lui envoya un renfort de 2 bataillons et 100 dragons. Les ennemis avaient déjà évacué cette ville; ils abandonnèrent de même les retranchements qu'ils avaient à Tours, pour se retirer à l'étranglement de la vallée de l'Isère vers Feissons, derrière des murailles solidement bâties et bien appuyées qu'ils s'apprêtaient à défendre.

Le 28 décembre, le duc de La Feuillade resté à Conflans pour y attendre un convoi de pain venu d'Annecy, ainsi qu'un renfort de 500 hommes, se renseigna sur l'état de ces retranchements et projeta de les tourner par le col du Cormet d'Arêches.

« Je m'informai, dit-il dans son compte rendu à Chamillart[1], avec tout le soin possible, de quelle façon était fait le retranchement de Feissons; on m'assura que c'étaient des murailles crénelées et fort épaisses, tirées du bout de la montagne jusqu'à l'Isère, du côté de Feissons, et pareillement de l'autre côté appelé Rognex, depuis les bords de l'Isère jusqu'à l'autre montagne; que le passage, tant d'un côté que de l'autre, était extrêmement étroit et qu'il s'élargissait un peu à une portée de fusil du retranchement; qu'outre cela il y avait, au-dessus des deux retranchements, des redoutes pour empêcher que qui que ce soit ne pût passer du côté du rocher; à l'égard du nombre de leurs troupes, qu'il montait tout au plus à 3,000, sur quoi ils avaient un détachement au haut du col de la Colombe[2] qui va de la Maurienne à la Tarentaise, pour empêcher qu'on les surprît par ce côté-là. »

Ces renseignements firent juger imprudente une attaque de front du retranchement.

Le duc de La Feuillade se proposa de le tourner par la montagne. La saison était bien avancée pour une entreprise de cette nature. Pourtant des habitants d'Arêches qu'il avait fait venir pour les interroger sur la praticabilité du col du Cormet lui répondirent que ce passage, bien que très mauvais, n'était pas encore complètement obstrué par les neiges. Le duc arrêta alors les dispositions suivantes :

« Je choisis, écrit-il dans le compte rendu cité plus haut, un détachement pour marcher avec moi le lendemain matin par la

---

[1] Ayme, 31 décembre.
[2] Col de la Madelaine.

montagne. 300 dragons à pied de Languedoc 2^d, 5 compagnies de grenadiers mises à 50 hommes, 50 hommes du 2^d bataillon de Bourbon, 100 hommes du bataillon de milices de
Montanègre, 100 de celui de Montferrat, le 1er bataillon de
Rouergue montant à 250 hommes, et le 2^d de Beaujolais montant à 300[1]. J'envoyai dans l'instant M. de Chantelou, lieutenant d'artillerie, avec 6 pièces de canon que j'avais menées sur
des mulets et environ 1200 hommes qui me restaient de toutes
mes troupes, pour s'approcher des retranchements de Feissons
afin de faire croire à M. de Sales que je prétendais l'attaquer de
ce côté-là. Je lui donnai ordre de ne rien hasarder, et d'avoir
soin simplement de se poster de façon que si M. de Sales, averti
de sa faiblesse, prenait un parti aussi hardi que celui de sortir de
ses retranchements pour le venir attaquer, il pût se trouver en
situation de le bien recevoir. »

En même temps qu'il allait tourner les défenses de Feissons
par le Cormet d'Arêches, La Feuillade ordonna une diversion par
le col de la Madeleine et fit porter sur ce point un bataillon.

Suit le récit du passage du Cormet :

« Après avoir pris toutes ces mesures, je marchai le 29 au
matin avec mon détachement et j'arrivai à 5 heures du soir à
Beaufort. Je m'avançai encore à une demi-lieue par delà avec les
grenadiers et les dragons à un village nommé Arêches, qui est
au pied du col du Cormet, je donnai ordre aux troupes que je
laissai à Beaufort de partir à la lune levante pour me joindre.
Un peu de vin distribué par ordre donna de nouvelles forces à
nos soldats. Nous commençâmes à monter la montagne le
30 décembre, à 3 heures du matin; personne n'y a passé, de
mémoire d'homme.

« Jamais on n'a vu un si beau temps, et cependant je puis vous
assurer avec vérité que la fatigue qu'ont eue les troupes est
incroyable; ce n'est rien que la glace et les précipices, mais nous
avons marché pendant une lieue en approchant du haut de la montagne, dans la neige jusqu'au-dessus du genou au risque de s'y
abîmer si l'on prenait à droite ou à gauche. Enfin, étant parti à
3 heures du matin et ne nous étant point arrêtés que pour faire
quelques moments de halte, pour donner aux soldats le temps de

---

[1] Au total 1350 hommes.

respirer, nous ne sommes arrivés ici [1] avec nos grenadiers et nos dragons, qu'à 3 heures et demie après midi. »

M. de Salles n'avait pas attendu l'arrivée du duc de La Feuillade sur ses derrières pour se retirer.

Il effectua précipitamment sa retraite la nuit d'avant, en abandonnant dans les retranchements de Feissons « un fauconneau de fer, 251 mousquets, 7 barils de poudre, 23 caisses de plomb et 20 livres de mèche. »

Nous n'aurions pas fait ces longues citations si elles n'avaient la valeur et l'authenticité d'un rapport officiel, et si le passage qu'elles relatent n'avait quelque chose d'inusité, eu égard à la saison pendant laquelle il fut exécuté. Le duc de La Feuillade pouvait être fier du résultat obtenu et croire que personne avant lui n'avait pratiqué le col du Cormet d'Arèches. Il est certain qu'on ne lui connaissait pas alors l'importance qu'il a acquise de nos jours. Pourtant Henri IV, en 1600, avait déjà pressenti l'action de flanc que par là on pouvait exercer sur la Tarentaise. Les neiges et le mauvais temps l'empêchèrent de le traverser. Bassompierre y fit passer une colonne légère en 1630. Quoi qu'il en soit de la priorité de l'idée, l'exécution à elle seule, à l'époque où elle fut menée à bonne fin, mérite bien une mention spéciale.

La majeure partie des troupes piémontaises avait repassé le Petit-Saint-Bernard. Une arrière-garde avait été laissée à Saint-Maurice. Le 1er janvier, M. de Vallière fut chargé de la poursuivre avec des grenadiers et des dragons, — les troupes d'avant-garde du passage du Cormet. Le 2, les ennemis firent semblant de résister au pont de Séez, mais ils se retirèrent promptement.

En Maurienne, quelques milices tenaient encore à Pontamafrey. Le duc de La Feuillade y envoya dix compagnies de milices du Dauphiné et deux compagnies de dragons. Ces troupes refoulèrent l'ennemi et occupèrent Thermignon et Lans-le-Bourg.

La conquête de la Savoie était terminée. Le duc de La Feuillade retourna à Grenoble, laissant à M. de Vallière le commandement du pays et le soin de faire le blocus de Montmélian. Des redoutes furent construites autour de cette forteresse, afin de la resserrer davantage et de réduire l'effectif des troupes de siège.

---

[1] A Ayme. L'arrière-garde coucha dans un village de la montagne.

Les renforts reçus d'Allemagne furent destinés à l'occupation des postes de la haute Tarentaise, Saint-Maurice et Séez.

Les opérations actives furent forcément suspendues pendant quelques mois sur ce théâtre. Les troupes prirent leurs quartiers d'hiver.

En Italie, les derniers événements étaient de nature à nous donner des inquiétudes pour notre frontière. Conformément à la promesse de secours faite au duc de Savoie, un corps de 14.000 impériaux commandé par le comte de Stahrenberg venait, malgré Vendôme et en dépit d'un échec éprouvé dans un combat d'arrière-garde à la Stradella, de faire sa jonction avec ce prince.

Victor-Amédée voulut profiter de ce renfort pour reconquérir la Savoie, et tandis qu'à la cour de France et à l'armée des Alpes on disputait sur l'opportunité d'assiéger Suse ou Nice, on eut la nouvelle d'une reprise d'offensive des Piémontais (fin mars 1704).

Réoccupation de la Savoie par M. de Blagnac (29 mars 1704). — Un corps de 2,000 hommes, infanterie et dragons, réuni à Suse sous le commandement de M. de Blagnac, attaqua et prit Chiomonte en bousculant un bataillon que nous y avions posté, puis dans la nuit du 28 au 29 mars, fit irruption en Maurienne en refoulant de Lans-le-Bourg à Aiguebelle les quelques postes de dragons échelonnés dans la haute vallée.

La tentative du duc de Savoie était peu sérieuse, il ne s'agissait que de dégager Montmélian ; elle produisit néanmoins de la surprise.

M. de Tessé qui, peu de temps auparavant, était arrivé de Lombardie, où son commandement était devenu inutile, pour reprendre le gouvernement du Dauphiné, venait de tomber malade. Le duc de La Feuillade dut le remplacer à nouveau ; mais les troupes manquaient sur place. La Savoie n'était occupée que par cinq bataillons de troupes réglées, deux régiments de dragons et 400 hommes de milices.

Il n'y avait que six bataillons en Dauphiné ; aussi après avoir fait occuper Chambéry et bien qu'on eût évacué les postes de Thonon et d'Évian, et levé le blocus de Montmélian, M. de Vallières ne put réunir à Aiguebelle que trois bataillons, 400 hommes de milices et cinq escadrons pour s'opposer à la marche des ennemis.

Il dut donner l'ordre à M. de Sansay, qui commandait en Tarentaise, de se retirer à Conflans, puis tous deux se replièrent à Barraux où le duc de La Feuillade les rejoignit après avoir donné ordre aux troupes de Provence de venir le renforcer.

Il essaya d'abord de couvrir Chambéry, en faisant occuper le château des Marches et Notre-Dame-de-Myans, mais, sur la nouvelle que les Piémontais, après avoir pris des renforts à Montmélian, s'avançaient avec huit bataillons, il fit évacuer ces postes, abandonna Chambéry à la défense de deux compagnies franches, d'un régiment de dragons et de quelques milices, puis se retira à Poncharra, en face de Barraux. Ce village avait été retranché, et le bac du port de la Gâche, seul passage entre Barreaux et Grenoble, couvert par deux redoutes.

Deux régiments de dragons furent placés en observation à Chapareillan et à Barraux.

Les ennemis marchèrent sur Chambéry. Ils avaient deux petits canons pour intimider la ville. M. de Prade y commandait. Il résista énergiquement et, lorsque les Piémontais voulurent s'approcher des murailles, ils furent assaillis par un feu si vif des dragons, des compagnies franches et des milices, qu'ils se retirèrent.

La route de la Maurienne par La Rochette restait ouverte aux troupes du duc de La Feuillade. M. de Blagnac craignit pour ses communications et se retira sur Montmélian en faisant toutefois occuper les postes des Marches d'Apremont et de Notre-Dame-de-Myans. Il crut pouvoir intercepter les communications entre Grenoble et Chambéry en jetant un détachement dans le massif de la Chartreuse. Le duc de La Feuillade tint en échec ce poste en envoyant vers les Echelles 800 hommes de la garde bourgeoise de Grenoble.

La garnison de Chambéry fut renforcée de 2 bataillons sous le commandement de M. de Vallière, avec 4 canons et des paysans armés.

Retraite des Piémontais (20 avril). — L'alarme jetée à la Cour par l'invasion de M. de Blagnac eut bientôt lieu de se calmer. Le 20 avril, après un semblant d'attaque contre Chapareillan, il replia ses postes et laissant dans Montmélian une garnison de 1000 hommes sous le comte de Santena, il se retira par la Tarentaise. Le 28, il avait repassé le petit Saint-Bernard.

M. de Vallière assura l'occupation de la Savoie. Il disposait de 10 bataillons. Il en consacra six au blocus de Montmélian, deux à la garde de la Maurienne, et deux à celle de la Tarentaise. Les dragons furent répartis dans les deux vallées, ainsi qu'à Thonon et Évian. Annecy reçut une compagnie franche.

Les renforts arrivaient au duc de La Feuillade[1]. Il projetait de faire le siège de Nice. La cour jugea cet objectif trop éloigné et sans liaison avec les opérations de Vendôme, qui préparait le siège de Verrue. Elle lui donna l'ordre de s'emparer de Suse.

L'importance de la position de Suse est ancienne. Le « Pas de Suse », sur la route du mont Genèvre à Turin, avait acquis une nouvelle célébrité depuis le passage de l'armée de Louis XIII. A cette époque, où le mont Cenis n'était pas fortifié, la place de Suse donnait au duc de Savoie la clef du débouché dans la Maurienne et la vallée de la Dora. A cette époque également, elle faisait déjà partie de ce triangle défensif que complètent Exilles et Fenestrelle, et qui s'appuie au massif important de l'Assiette.

Bien que les conditions de défense se soient modifiées, la topographie du pays est restée, et telles des positions que nous aurons à mentionner ont conservé leur valeur.

Sans dégarnir complètement la Savoie ni le Dauphiné, le duc de La Feuillade put disposer pour cette opération de 20 bataillons et de 4 régiments de dragons. Les troupes furent concentrées à Briançon.

L'équipage de siège comprenait 20 canons et 6 mortiers. Il fut tiré en majeure partie de Fenestrelle et réuni à Exilles.

Avant de quitter la Savoie, le duc de La Feuillade fit activer les travaux de blocus de Montmélian et retrancher Conflans.

Siège de Suse (mai 1704). — Le siège commença les derniers jours de mai. Le 24, un premier détachement de 4 bataillons occupa Giaglione. Le 26, un deuxième détachement s'emparait du col de la Fenêtre.

---

[1] Le maréchal de Tessé s'était définitivement retiré, en raison de son état de santé.

Le 31, M. de La Feuillade arriva en personne avec le reste de ses troupes devant Suse. Il s'établit, la gauche à la Doire, la droite à Méana, sans pouvoir s'étendre jusqu'à Bussoleno. La place restait incomplètement investie vers Turin, d'où elle pouvait recevoir des secours.

En elle-même, la ville était sans résistance possible ; l'obstacle était la citadelle, située sur un rocher escarpé, avec fossé taillé dans le roc, et que protégeaient le fort de la Brunette d'une part, la redoute de Catinat de l'autre.

Après avoir été canonnée par 2 pièces de 24, la ville ouvrit ses portes le 1er juin. Les défenseurs se retirèrent à la Brunette. On allait le même jour brusquer l'attaque de ce fort, lorsque l'arrivée de renforts survenus aux défenseurs fit décider dans un conseil de guerre d'ajourner cette attaque. A cette date arriva pour diriger les travaux du siège M. de Lapara, ingénieur célèbre. Il fit pratiquer la sape et conseilla de battre le fort des hauteurs de Giaglione. On travailla à y amener toute l'artillerie ; on établit des batteries de front et de revers. La sape fut poussée jusqu'à un chemin bordé de murailles que l'on mina et où l'on pratiqua des brèches.

Le 5 au matin, on donna l'assaut. On emporta une partie des ouvrages dans la journée ; à la tombée de la nuit, les défenseurs évacuèrent les autres et, le 6 au matin, le duc de La Feuillade pouvait rendre compte de la prise du fort sur les troupes de M. de Blagnac, fortes, dit-il, de 7 bataillons, dont les deux de Schulembourg, « les plus beaux des troupes de M. de Savoie », et de 1400 chevaux.

De Giaglione, on transporta du canon à la Brunette pour battre la redoute Catinat. Le 7 au matin, elle se rendit après quelques volées d'artillerie ; puis, par la Brunette, on tourna toutes les batteries contre la citadelle. Le 11, 12 pièces et 6 mortiers commencèrent à tirer. Le 12, au matin, le gouverneur capitulait.

Ce gouverneur, M. de Corbilly, fut accusé d'avoir manqué d'énergie dans la défense de la place. Il fut jugé par un conseil de guerre et ne dut sa tête qu'à l'intervention de l'ambassadeur d'Angleterre [1].

---

[1] Voir Saluces et Carutti.

La chute rapide de Suse paraît avoir grisé le duc de La Feuillade. Au lieu de chercher à faire sa jonction avec Vendôme pour y servir sous ses ordres, il songeait au siège de Turin et il n'eût pas été fâché de l'entreprendre seul. En attendant de la cour une autorisation qui ne vint pas, il entreprit, mais avec un demi-succès seulement, la soumission des vallées Vaudoises.

Rappel du duc de La Feuillade en Savoie (août 1704). — Un objet plus pressant le rappela bientôt en Savoie. Tallard et Marsin venaient d'être battus à Blenheim, sur le Danube (13 août) et la Cour, craignant de voir les Impériaux profiter de cette victoire pour faire passer des renforts au duc de Savoie par la Suisse, enjoignit au duc de La Feuillade de se porter dans le val d'Aoste avec les troupes destinées au duc de Vendôme.

A la même époque, le duc de Savoie faisait une nouvelle tentative pour débloquer Montmélian. Le baron de Saint-Rémi passa les Alpes à la tête de 4,000 hommes, ravitailla la forteresse et arriva jusqu'à Chambéry.

Son but était atteint, mais il dut bientôt se retirer devant les troupes du duc de La Feuillade. Celui-ci, laissant un corps important (10 bataillons) dans les vallées Vaudoises, partit avec le reste de ses troupes pour exécuter les ordres de la Cour. Un détachement passa par Césanne, le col de la Roue, Modane, Thermignon, Tignes, et gagna Séez à la tête de la Tarentaise. Lui-même avec quatre bataillons, suivis bientôt de trois autres, prit la route de Grenoble. Il devait recevoir à Moutiers des renforts amenés par M. de Vallière.

Parti le 22 septembre de Grenoble, le duc de La Feuillade arriva à Séez le 24, précédé seulement de 24 heures par le détachement que M. de Paysac y avait amené par les cols de la Roue et de l'Iseran où il avait été retardé par les neiges.

Pendant ce temps le duc de Vendôme assiégeait Yvrée. Le siège tirait à sa fin, car la ville se rendit le 28 septembre [1].

Le duc de La Feuillade passa le Petit-Saint-Bernard pour faire sa jonction avec le commandant de l'armée d'Italie.

---

[1] Vendôme avait déjà pris Verceil (juin-juillet). Les meilleures places du duc de Savoie tombaient entre nos mains avec leurs garnisons composées de ses meilleures troupes.

Le 25, il surprit un poste à la chapelle du Petit-Saint-Bernard.

Prise des retranchements du prince Thomas (fin septembre). — Le 26, il enleva Pont-Serrand, mais les ennemis brûlèrent les hameaux voisins. Il ne put sauver que La Thuile. Il fit en même temps la reconnaissance des retranchements du prince Thomas, que les ennemis s'apprêtaient à défendre; 300 Suisses du régiment de Reding, 60 camisards et 2,000 paysans du val d'Aoste occupaient ces lignes.

On les attaqua le 27 des deux côtés. Un mouvement bien concerté des deux colonnes amena l'évacuation du premier retranchement. Les ennemis ne songèrent pas à défendre les seconds. Ils se retirèrent en incendiant leurs casernes. Une partie seulement put être sauvée.

Cavalier, le fameux chef des camisards, faillit être pris dans cette attaque.

Le duc de La Feuillade attendit alors des nouvelles de Vendôme. Il s'appliqua à rassurer les habitants et à prévenir leur hostilité. Il poussa jusqu'à Châtillon.

Le fort de Bard séparait les deux généraux. Ils ne pouvaient se donner la main qu'en s'emparant de ce rocher fortifié qui barre complètement la vallée de la Dora.

Prise du fort de Bard (octobre 1704). — Vendôme avait envoyé une avant-garde sous le commandement de M. de Mauroy pour assurer ses communications avec La Feuillade et s'emparer, si possible, du fort de Bard.

Après avoir refoulé un poste avancé, il arriva en vue du fort.

Le chemin de la vallée était enfilé par les défenseurs de la ville et du château. Il fallait tourner cette difficulté.

Un sentier conduisait à droite sur le flanc de la montagne au col d'Arnard (Arnès). Ce sentier était gardé par un poste qui se couvrait d'un retranchement en pierres sèches rattaché au château. Mauroy chassa les défenseurs et put de là reconnaître le fort :

« Le château, dit-il, situé sur la pointe d'un rocher qui n'était accessible que par un seul chemin, ne consistait qu'en un carré de murailles peu épaisses et point flanquées, ayant seulement une banquette soutenue par un échafaud ; mais entre cette muraille et le bourg était un flanc bas avec des redans, qui régnait autour du rocher et qui battait le bourg et le chemin qui y arrivait. Le bourg lui-même était défendu par trois enceintes de bonnes murailles, tant du côté d'Aoste que de celui d'Yvrée. »

Les premiers jours d'octobre, on attaqua le bourg par le chemin d'Yvrée. On construisit, dit la relation, en transportant de la terre d'un quart de lieue, une batterie sur les rochers de ce côté.

Pour battre utilement les enceintes du bourg, Mauroy demanda deux pièces de 24 qui n'arrivèrent que le 7. Vendôme se rendait en même temps sur place pour juger des difficultés.

Dans l'intervalle (nuit du 6 au 7 octobre), une petite colonne formée de quatre compagnies de grenadiers et de six détachements de 40 hommes sous la conduite du prince Pio, avait marché par le chemin du col d'Arnès, et, au prix de beaucoup de difficultés, avait surpris deux maisons attachées à la montagne. De là cette colonne put pénétrer dans le bourg, en chassant les défenseurs. De leur côté, les mineurs enfonçaient les portes des trois enceintes.

M. de Mauroy établit alors des compagnies de grenadiers sur les rochers du col pour menacer le château et commencer à le canonner.

Vendôme fit ensuite sommer le défenseur, M. de Reding, d'avoir à se rendre, le menaçant de le faire pendre s'il se défendait, et exigeant une capitulation sans condition. Le soir, le château fut livré. La garnison était composée de Suisses et de quelques milices qui furent renvoyées à leur village.

Les historiens piémontais accusent formellement le colonel suisse Reding d'avoir cédé à d'autres arguments que ceux de la menace et d'avoir vendu le fort. L'officier incriminé paraît avoir donné raison à cette affirmation. Il s'offrit après la capitulation à passer avec ses Suisses au service de Louis XIV, qui autorisa le duc de Vendôme à traiter des conditions de l'acceptation.

Après la prise du fort de Bard, le duc de La Feuillade laissa six bataillons à la garde des communications de la vallée d'Aoste et rentra à Grenoble.

Il reçut des renforts et resserra le blocus de Montmélian. Certaines maisons favorisaient les sorties. Il les fit brûler ainsi que la ville basse (décembre 1704).

Pendant qu'en Italie le duc de Vendôme mettait le siège devant

Verrue qui allait occuper son armée pendant six mois (du 14 octobre au 9 avril), les opérations restèrent suspendues dans la région des Alpes.

II. — Campagne du maréchal de Tessé (1707).

Dispositions défensives prises par M. de Médavi sur la frontière de Savoie. — Les événements des campagnes de 1705 et 1706 sortent du cadre de cette étude. Les succès des années précédentes ont transporté la guerre dans les plaines d'Italie.

Nous ne retiendrons de ces événements que :

1° La prise de Montmélian en novembre 1705. Il eût été intéressant d'avoir quelques détails sur ce siège, malheureusement le général Ménabréa qui, dans son ouvrage *Montmélian et les Alpes,* nous donne le journal du siège de 1690, ne fait que mentionner la chute de la forteresse en 1705. Nulle part ailleurs nous n'avons trouvé à combler cette lacune.

Ce fut un nouveau coup très sensible à Victor-Amédée que la perte de Montmélian. On continuait, selon l'expression de Chamillart, à « rogner les ongles au Savoyard ». Louis XIV fit raser cette forteresse.

2° La bataille de Turin (7 septembre 1706). Cette défaite fut grosse de conséquences désastreuses pour nous, et, à partir de ce moment, notre frontière des Alpes resta constamment sous la menace d'une invasion.

Au commencement de 1707, les troupes du prince Eugène et celles du duc de Savoie menaçaient toute la frontière des Alpes depuis le val d'Aoste jusqu'à Nice.

Le maréchal de Tessé reçut le commandement de l'armée de défense.

Dès le mois de mars, il inspecta la frontière. En dehors de notre ancienne forteresse de Pignerol, il ne nous restait de nos conquêtes antérieures que la Savoie, Suse, Perosa et le comté de Nice.

Les ennemis ne laissaient rien pressentir de leurs projets ; on annonçait seulement qu'il y avait en Piémont : 20,000 hommes dont 4,000 de cavalerie, et qu'il arrivait de Lombardie : 10,000 Hessois, 10,000 Allemands de Saxe-Gotha, de Wolfenbuttel et, de l'électeur palatin, 8,000 Prussiens. Soit un total de 48,000 hommes au service des Alliés.

Pour y faire face, le maréchal disposait de 79 maigres bataillons de 250 à 300 hommes et de 45 escadrons.

On crut bientôt, à la Cour comme à l'armée que l'attaque des Alliés se produirait du côté de la Savoie, du Dauphiné et de la vallée de Barcelonnette.

M. de Médavi fut désigné pour commander en Savoie sous les ordres de M. de Tessé. On lui attribua 20 bataillons et 15 escadrons pour cet objet.

Il arriva le 5 juin à Chambéry.

Projet de M. de Tessé pour défendre la haute Isère. — M. de Tessé avait eu tout d'abord, pour assurer la possession de la Tarentaise, l'idée d'occuper Morgex dans le val d'Aoste, en avant du débouché du val Ferret, sur la route du petit Saint-Bernard. Dans son esprit, l'occupation de ce point devait empêcher la vallée de la haute Isère d'être tournée par le Valais, le Chablais et le Faucigny.

« Qui serait parvenu et établi à Morges, dit-il, le trou de Faucigny et celui de la Tarentaise seraient bouchés, et par conséquent celui de la Savoie entière ».

Cette idée procédait tout à la fois d'un sentiment juste et de renseignements géographiques inexacts. M. de Tessé se préoccupait des dangers d'un invasion par le Valais, mais il oubliait, et M. de Médavi eut l'occasion de le faire remarquer plus tard, que l'occupation de Morgex n'assurait pas la possession de tous les passages allant vers le haut Rhône.

Quoi qu'il en soit du projet, M. de Tessé ne put l'exécuter. M. de Saint-Pater qui en fut chargé ayant trouvé beaucoup de neige au petit Saint-Bernard et ayant été avisé que 3 bataillons ennemis occupaient La Thuile[1], n'osa pas tenter le passage. Il se contenta de se retrancher au pied du petit Saint-Bernard, de Séez à Saint-Maurice.

A son arrivée en Savoie, M. de Médavi se porta immédiatement à la tête de la Tarentaise. Sa cavalerie fut momentanément

---

1 Ce renseignement fut bientôt après reconnu faux.

laissée aux Sablons, dans l'Isère. Avec son infanterie il fit les dispositions suivantes.

Dispositions de M. de Médavi pour la défense de la Tarentaise.
— Le camp choisi par M. de Saint-Pater avait un front de 400 toises couvert par le Versoyen[1]. Le flanc gauche était gardé par un poste de 2 bataillons aux Chapieux et son flanc droit par 3 bataillons postés au « col de Tignes » et au « val Roger » (Villaroger). « Ces deux postes, dit l'ouvrage du général Pelet, fermaient les passages qui venaient du val d'Aoste par le mont de Grisanche ».

Enfin 2 bataillons furent envoyés à Lans-le-Bourg et à Thermignon, avec ordre d'occuper le col de l'Iseran au premier bruit de la marche des ennemis, afin de les empêcher de pénétrer en Maurienne.

Il y a lieu de rappeler à ce sujet que le passage du mont Cenis était fermé aux ennemis par l'occupation de Suse.

Le reste des troupes de M. de Médavi fut réparti entre les différents postes de la Savoie.

Peu après, un poste d'observation fut installé à la chapelle de l'Iseran. La retraite éventuelle du poste de Tignes fut assurée par la vallée de Peisey, tandis qu'à l'extrémité gauche de l'échiquier défensif, les troupes du Chablais et du Faucigny avaient pour mission, après avoir, s'il y avait lieu, averti de l'invasion des ennemis par le Valais, de se retirer sur Fort-l'Écluse.

Nous n'aurions pas mentionné ces dispositions qui n'eurent pas de sanction, puisque l'invasion se porta sur un autre point, si elles ne constituaient le premier plan de défense de la Tarentaise. Ce que l'on a fait depuis procède plus ou moins des idées qui avaient inspiré M. de Médavi et qui résultaient de la situation topographique du pays. M. de Médavi est donc en cela un précurseur. Ce n'est pas là son seul titre à une mention particulière de l'histoire, ainsi que l'a très bien montré M. le général Borson dans son *Etude sur la frontière du Sud-Est,* et comme nous le verrons plus loin.

Bientôt, obligé de quitter la Savoie avec une partie de ses

---

[1] Le nom de ce cours d'eau n'est pas cité dans l'ouvrage du général Pelet, mais les indications sont suffisamment précises pour fixer les idées.

forces pour rejoindre M. de Tessé en Provence où les ennemis portaient tous leurs efforts (13 juillet), il laisse 8 bataillons et 2 régiments de dragons à M. de Thouy pour la défense du pays. Les Alliés n'avaient plus que 6 bataillons dans le val d'Aoste. Comme instructions, il lui recommande de bien assurer le flanc gauche de la position de Saint-Maurice en occupant les Chapieux au moyen d'un poste retranché de 50 hommes et 1 compagnie de grenadiers pour garder le chemin de l'Allée-Blanche.

Afin de soutenir ce poste et de permettre de le relever tous les 5 jours, il prescrit de placer un bataillon aux Chapieux.

Enfin, dans le cas d'une attaque en forces du duc de Savoie, qui n'est pas probable, M. de Médavi conseille de se retirer au camp de Fréterive, qu'il a fait retrancher et qu'il pense pouvoir être défendu par 4,000 hommes contre 20,000.

« Sa situation, dit-il, en fait la force. L'Isère, parallèle à une montagne de rochers qui est escarpée, en rend la droite et la gauche inattaquables, et le devant et le derrière de ce camp sont fermés par un retranchement bien palissadé qui n'a pas 200 toises, et par conséquent facile à garder avec peu de monde.

« Un côté défend tout ce qui vient de la Tarentaise, l'autre côté opposé regarde Saint-Pierre-d'Albigny et est à une portée de mousquet du fort de Méolans, où l'on peut mettre les munitions de bouche et de guerre pour un camp où il n'est pas nécessaire de loger personne.

« Sur l'Isère, il y a un bon pont qui donne l'entrée de ce camp dans la vallée de Maurienne, et par ce moyen-là on peut se porter sur l'Isère pour défendre cette rivière du côté qu'il conviendra, et enfin c'est le seul poste où on puisse retirer un corps de troupes en Savoie avec quelque sûreté. »

Le maréchal de Berwick eut plus tard l'occasion de profiter de ces données et d'utiliser le camp de Fréterive, pour en faire le point d'appui de sa ligne de défense.

L'intérêt principal de cette campagne se reporte du côté de la Provence, où les ennemis s'étaient avancés jusqu'à Toulon dont ils firent le siège.

Après leur insuccès devant cette place les Alliés, pour ne pas rester sous le coup de cet échec, se retournèrent contre le Dauphiné.

Prise de Suse par le prince Eugène. — Le prince Eugène donna le change au maréchal de Tessé en menaçant Perosa et se porta devant Suse avec un corps de 10,000 à 12,000 hommes. Les retranchements élevés autour de cette ville n'étaient pas défendables avec les cinq bataillons que commandait M. deVraigne. Il dut se retirer sur Giaglione, après avoir laissé dans la citadelle et dans la redoute Catinat, un bataillon et 150 hommes détachés, sous le commandement de M. de Masselin.

Lorsque M. de Tessé, désabusé, vint en personne occuper avec cinq bataillons le massif de l'Assiette et les cols de la Fenêtre et des Vallées pour tenter de sauver Suse (27 septembre), il constata *de visu* l'abandon des retranchements qui protégeaient les abords de cette place, ainsi que la présence des troupes du prince Eugène, campées entre Méana et Matties (21 septembre).

Les autres bataillons arrivaient. Il fit occuper en forces le col de la Fenêtre et répartit le reste de ses troupes sur les deux versants du contrefort de l'Assiette, à Fenestrelle, Balbotet, Perosa, etc... Il ordonna en même temps à M. de Médavi, qui avait regagné la Savoie, de lui faire passer des renforts par le col de la Roue, tout en essayant, avec le reste de ses bataillons, une diversion par le mont Cénis.

Ces secours vinrent trop tard. Le 28 septembre, la redoute de Catinat était prise, et, dans la nuit du 29 au 30, les ennemis ouvraient la tranchée devant la citadelle. Celle-ci ne tint pas longtemps. M. de Masselin capitula le 3 octobre.

M. de Tessé eut à se justifier auprès de la Cour de n'avoir pas su gagner les ennemis de vitesse et les prévenir devant cette place avant qu'ils en aient fait l'investissement.

« Votre Majesté, écrit-il, me permettra aussi de nier que la marche du duc de Savoie à partir de Nice, marchant comme il a fait sur trois colonnes, n'ait pas dû être plus prompte que celle de vos troupes partant de Toulon et même de Draguignan (plus près de quatre marches).

« La situation du Piémont est telle qu'entouré des Alpes ledit Piémont se trouve dans le centre de notre pays qui l'environne, et, pour me servir de la comparaison ordinaire de l'arc et de la corde, vos troupes font l'arc quand les siennes ne font que la corde. »

On sait que le maréchal de Berwick s'appropria plus tard cette comparaison en la retournant en sa faveur, et que le mot a fait fortune depuis.

Désolé d'avoir perdu Suse, le comte de Tessé fut sauver Perosa, Fenestrelle et Exilles. Du reste, les ennemis allaient bientôt entrer dans leurs quartiers d'hiver.

On crut toutefois devoir prendre des mesures de sûreté pour prévenir l'invasion de la Maurienne. M. de Médavi laissa quatre bataillons à Saint-Maurice et se porta avec dix bataillons et 100 chevaux à Modane, d'où il maîtrisait les débouchés du grand et du petit mont Cenis, tout en commandant les passages de la Roue vers Exilles, et des Encombres vers la Tarentaise. Il s'y retrancha et envoya des postes avancés à Thermignon et à Lans-le-Bourg.

Engagements au plateau du mont Cenis. — La campagne se termina par quelques engagements au plateau du mont Cenis dont les Piémontais voulaient s'assurer la possession en retranchant le cabaret de la Grande-Croix. M. de Maillebois les en chassa et rasa leurs retranchements à deux reprises différentes. M. de Médavi fit savoir au duc de Savoie que, s'il continuait à vouloir occuper le plateau, il en ferait brûler toutes les habitations et interdirait le commerce de Turin avec Lyon. Le mont Cenis fut déclaré neutre.

A partir du 23 octobre, les troupes prirent leurs quartiers d'hiver. M. de Médavi répartit les siennes à la tête des deux vallées de la Savoie, et établit son quartier général à Saint-Jean-de-Maurienne, de manière à rester maître du passage de la Madeleine. Ceux de la Roue et des Encombres étaient déjà rendus impraticables par les neiges.

III. — Campagne du maréchal de Villars (1708).

La perte de Suse rendait très difficile la défense de la frontière de Savoie. On songea à profiter de l'hiver pour reprendre cette place, mais les obstacles qu'eût présentés un siège dans un pays de montagnes pendant la mauvaise saison, et des préoccupations d'un autre ordre, jointes au souci de ménager les troupes pour la reprise de la campagne, firent renoncer à ce projet.

Il fallut pourvoir aux travaux de défense et aux approvisionnements des places frontières, où tout manquait. On dut créer des magasins en arrière, à Fort-Barraux, à Grenoble, à Embrun, pour ne parler que de la Savoie et du Dauphiné.

M. de Thouy améliora les retranchements de Modane et ceux du Petit-Saint-Bernard.

De leur côté, les ennemis se préparaient activement à reprendre les hostilités, levaient des recrues et des milices, et percevaient des contributions.

Le duc de Savoie fit compléter les fortifications et l'armement de Suse. La reconnaissance qu'il fit, vers la fin de mars, de la place d'Exilles, la formation d'un équipage de 25 pièces de gros canons, donnèrent lieu de présumer qu'il allait entreprendre le siège de cette ville.

Le maréchal de Villars fut désigné pour prendre le commandement de l'armée des Alpes. M. de Médavi l'avait exercé pendant l'hiver, au moins dans les provinces dé Savoie et du Dauphiné. Il avait étudié de très près la défense de cette région et put renseigner très utilement le maréchal de Villars à son arrivée à Grenoble (7 juin).

Celui-ci n'eut tout d'abord à sa disposition que 74 bataillons et 20 escadrons.

Les bataillons étaient d'environ 400 hommes. A la suite des observations qu'il présenta à la Cour, on lui attribua en outre 8 bataillons et 3 escadrons.

Même avec ce renfort, Villars restait sensiblement inférieur en forces à ses ennemis; il leur attribuait 47,000 hommes. Mais ce chiffre était exagéré et dans ce grossissement on trouve, avec le sentiment des hautes responsabilités du maréchal, l'expression de ses préoccupations inquiètes.

Sa première lettre au roi, datée de Vizille (12 juin), trahit en effet un état d'esprit qui mérite l'attention. Lui, le général audacieux, d'habitude plein de confiance en lui-même, se trouve dépaysé sur ce nouveau théâtre d'opérations. La guerre de montagnes ne lui est pas familière; il est très alarmé et ne demande rien moins, pour être à même de soutenir l'honneur des armes du roi et sa propre réputation, que 30 nouveaux bataillons et 60 escadrons.

Nous venons de voir ce qu'en fit le roi. Dans sa réponse, inspirée par le maréchal Catinat, aux conseils duquel on avait souvent recours, Louis XIV s'appliqua à rassurer Villars, en lui disant que la Cour faisait tout le possible pour son armée et qu'elle était assurée que de son côté il ferait de son mieux.

Ces encouragements vinrent à propos réconforter le maréchal. L'état d'esprit auquel ils répondent nous semble un argument de haute valeur en faveur de la nécessité, pour le haut commandement surtout, d'un préparation à la guerre de montagnes.

Vers la fin de juin, à la suite de l'inspection de la frontière que passa le maréchal, accompagné de M. de Médavi et de son major général, M. de Roissy, il put se convaincre que les Alliés attaqueraient la Savoie. 40,000 hommes dont 25,000 Impériaux étaient rassemblés entre Orbassano et le val d'Aoste, le plus grand nombre au pied du mont Cenis.

M. de Thaun était arrivé à Turin pour prendre le commandement des troupes de l'Empereur.

M. de Médavi fut chargé de la défense de la Savoie avec 23 bataillons et 12 escadrons.

Il eut sous ses ordres M. de Thouy. 12 bataillons furent affectés à la garde des places de la frontière du Dauphiné, Fénestrelle, Exilles, Briançon et Mont-Dauphin.

Une forte réserve (21 bataillons), avec le quartier général, se trouvait à Oulx.

Dispositions de M. de Médavi en Savoie (17 juillet). — M. de Médavi fit les dispositions suivantes :

En Maurienne, il plaça 11 bataillons et 4 escadrons. Le gros des troupes occupait les retranchements de Modane où se trouvait le quartier général ; des détachements tenaient les postes de Lans-le-Bourg, Thermignon et Bramans. En cas de retraite, le poste de Thermignon devait se replier sur la Vanoise. M. de Thouy fut placé à la tête de la Tarentaise avec 12 bataillons et 8 escadrons.

6 bataillons et les 8 escadrons furent affectés à la garde des retranchements de Saint-Maurice. La cavalerie trouvait des fourrages autour de Séez.

4 bataillons furent placés aux Chapieux ou à Roselend, sous le commandement de M. de Nisas, pour défendre le débouché de l'Allée-Blanche et le col du Bonhomme. Le reste fut posté à Villaroger pour garder la droite de la ligne en faisant surveiller le

passage de l'Iseran et la vallée de la Leisse. Le col de la Roue mettait en communication le camp de M. de Médavi avec le quartier général du maréchal de Villars

En rendant compte de ces dispositions, M. de Médavi faisait observer que toute la défense pouvait être tournée par le grand Saint-Bernard et le Valais, et qu'il appartenait à la cour d'inviter les cantons suisses à faire respecter leur frontière.

Invasion de la Savoie (20 juillet). — Les ennemis passèrent le mont Cenis et le petit Saint-Bernard simultanément (20 juillet), la première colonne sous les ordres du duc de Savoie, la deuxième sous le commandement de M. de Schulembourg.

Dans la journée, le maréchal de Villars reçut deux courriers de M. de Médavi lui apprenant l'entrée des ennemis en Maurienne et en Tarentaise par les deux grandes routes et par les cols voisins. Une colonne notamment, forte de 2,000 hommes, était passée le 19 par le petit mont Cenis et avait marché sur Bramans, menaçant de prendre à revers les postes de Lans-le-Bourg et de Thermignon.

Conformément aux ordres reçus, le lieutenant-colonel de Launay, commandant le poste de Thermignon, se retira avec 300 hommes sur la Vanoise, pendant que les détachements de Bramans et de Lans-le-Bourg se repliaient sur le pont de la Scie et le ravin d'Avrieux, que M. de Médavi avait reconnus et qu'il voulait défendre. Tous les ponts de l'Arc en amont furent rompus.

Le duc de Savoie avait en passant le mont Cenis 36 bataillons, tous ses dragons à pied, 700 à 800 barbets. La cavalerie, pour ne pas être embarrassante, avait été laissée dans la vallée de Suse.

Thermignon fut occupé le 20 au soir par 3,000 hommes, Le 21, son armée campa le long de l'Arc, de Lans-le-Bourg à Bramans et rétablit les ponts.

Au petit Saint-Bernard, Schulembourg, avec 5 bataillons, 600 hommes détachés, 600 chevaux, descendit par Séez et par Villaroger, faisant prisonniers quelques signaleurs et quelques postes avancés, et se présenta devant le camp de Saint-Maurice.

Dans sa lettre à Chamillart (28 juillet), M. de Médavi rapporte ainsi l'arrivée des ennemis :

« Le 20, les troupes du petit Saint-Bernard se présentèren
aux retranchements de M. de Thouy dans la petite plaine de Séez,
en faisant couler par leur gauche tout le long de la vallée de
Tignes, vers Sainte-Foy où ils firent un pont sur l'Isère, et montant à Villaroger d'où ils chassèrent le bataillon de Durfort qui y
était posté, comme vous le verrez pas ma carte, pour empêcher
les ennemis de passer l'Isère de ce côté-là[1]. »

La cavalerie passée à Séez put se replier, et un bataillon de
Villaroger, coupé un instant de ses communications par un régiment de hussards, fut dégagé par d'autres troupes et se retira
par un sentier sur Saint-Maurice.

M de Thouy avait en ce point 6 bataillons ainsi que nous
l'avons vu, et 2 régiments de dragons, c'est-à-dire des forces
suffisantes pour se défendre.

Mais la tournure des événements et les ordres reçus ne devaient
pas le lui permettre.

Dès la réception des courriers de M. de Médavi, le maréchal
de Villars qui, certain déjà de voir l'attaque principale des ennemis se porter sur la Savoie, se rendait en Maurienne par le col
de la Roue, ne songea plus à disputer à Victor-Amédée la possession des vallées de l'Arc et de l'Isère. Il prescrivit à son lieutenant de ne pas risquer à Modane un combat où il pourrait être
privé de ses communications et de se retirer avec M. de Thouy
sur Barraux.

Les 12 bataillons affectés à la garde des places de la frontière
du haut Dauphiné y furent maintenus, sous le commandement de
M. de Muret; mais le maréchal de Villars appela des troupes de
Provence. Les 45 bataillons et les 12 escadrons qu'il allait avoir
à Barraux après sa jonction avec les troupes de M. de Médavi ne
lui donneraient guère plus de 20,000 hommes à opposer au duc
de Savoie. Aussi voyait-il déjà la cavalerie de celui-ci inon-
dant la plaine du haut Rhône, et s'emparant du pont de la
Guillotière[2].

---

[1] Il est difficile d'établir, par la seule lecture de cette relation, si le détachement dont il s'agit ayant suivi le chemin du petit Saint-Bernard est des-
cendu par le vallon des Moulins, ou s'il est passé par le col du Mont.

[2] Il n'y avait alors pas d'autre point de passage en aval de Lyon jusqu'à
Pont-Saint-Esprit.

Pour prévenir ce danger, il envoya à Lyon M. Dillon pour retrancher le faubourg de la Guillotière et en faire une tête de pont.

Le 22, M. de Médavi n'avait pas encore reçu l'ordre du maréchal de Villars de battre en retraite lorsqu'il apprit que le détachement de la Vanoise avait dû se replier sur Pralognan, d'où il allait gagner les Encombres.

En même temps, le corps d'invasion de la Maurienne se dirigeait sur Aussois.

Il rendit compte de la situation au maréchal en lui demandant de lui faire connaître s'il devait se replier ou combattre. Bientôt, il n'eut plus à choisir. Le même jour à 8 heures, 3,000 hommes du duc de Savoie étaient établis sur le ravin d'Avrieux ; le reste de son armée était à quelques kilomètres, entre Aussois et Sardières.

Un déserteur apprit en même temps à M. de Médavi que 3,000 hommes occupaient la Vanoise.

Dans la crainte d'être coupé par les Encombres, il fit immédiatement commencer la retraite. Elle s'exécuta pendant la nuit. On marcha sur trois colonnes jusqu'à Saint-André. Les arrière-gardes rompirent les ponts.

Le 23, à midi, toutes les troupes étaient à Saint-Michel. A la nouvelle de l'arrivée d'un détachement ennemi à Pralognan, on rétrograda jusqu'à Saint-Jean.

En même temps qu'il avait quitté sa position de Modane-Avrieux, M. de Médavi avait avisé M. de Thouy de son mouvement, en l'invitant à se replier sur Conflans.

Celui-ci fit connaître le 23 que le détachement de Pralognan gagnait Moutiers et que lui-même se retirait vers Conflans. Il s'y rendit par le Cormet d'Arêches, y arriva le 25, et y fut rejoint par M. de Nisas qui, après avoir, avec son poste des Chapieux, repoussé une attaque venant par le torrent des Glaciers, avait reçu l'ordre de rallier son chef.

Le 24, M. de Médavi, craignant d'être tourné par le col de la Colombe (la Madeleine), rétrograda à Epierre, et, le 25, il arriva à Aiguebelle où il attendit les ordres du maréchal de Villars.

Le 26, M. de Thouy se porta à Saint-Pierre-d'Albigny. Les ennemis poursuivaient mollement les deux colonnes, et on pouvait déjà pressentir leurs véritables intentions qui n'avaient pas trait à la réoccupation de la Savoie. La colonne de Tarentaise était à Moutiers, et celle de Maurienne n'avait pas dépassé Saint-Jean. Quant au maréchal de Villars, il venait d'arriver à Barraux avec la tête de ses troupes du Dauphiné. Le reste y arriva du 27 au 30.

Pour assurer ses communications avec le Briançonnais, Villars donna l'ordre de faire occuper Vizille et Mont-de-Lans par les troupes qui venaient de la Provence. 2 bataillons furent aussi placés au Monestier pour garder à la fois la route du Lautaret, et le chemin du Galibier.

Le col de la Roue était occupé, ainsi que les passages voisins, par des postes. Des signaux permettaient à ces postes, en cas d'alarme, d'avertir les vallées voisines.

Des troupes de soutien avaient été tout d'abord établies à Oulx (7 compagnies) et à Bardonnèche (2 bataillons).

Le 28, on eut le tort très grave, croyant le péril écarté de ce côté, de dégarnir Bardonnèche et d'envoyer les deux bataillons qui l'occupaient à Mont-de-Lans.

L'attention de Villars, fixée sur la défense de la plaine de Chambéry et du Rhône, ne se porta plus sur le véritable point dangereux.

Il multiplia les précautions de sûreté autour de Barraux et de Chambéry, fit occuper Seyssel par M. de Prade avec 3 bataillons et 4 escadrons, fit descendre à Lyon tous les bateaux du lac du Bourget et du haut Rhône, reconnut une position de défense entre Montmélian et le lac, et établit sous le canon du fort Barraux un camp retranché pour 6 ou 7 bataillons. — Vauban avait autrefois déterminé l'emplacement de ce camp. — La position d'Aiguebelle ne parut bientôt plus sûre à M. de Médavi. Craignant d'être tourné par les cols de Cucheron et « la vallée de Hull », c'est-à-dire par Bourget-en-Huile et La Rochette, il se replia à Maltaverne, d'où il tendait la main à M. de Thouy par delà l'Isère.

Toutes ces mesures faisaient le jeu du duc de Savoie, qui n'avait voulu qu'éloigner les troupes de Villars, d'Exilles, de Fénestrelle et des autres places de la frontière du Dauphiné afin de s'en emparer.

Prise du col de la Roue par les Piémontais (30 juillet). — Le

30 juillet, il envoya M. de Rhebinder avec 3,000 hommes au col
de la Roue. Le petit détachement qui occupait ce col et les
passages voisins de Fréjus, de Vallée étroite et d'Etache fut
culbuté. M. de Muret voulut essayer de le soutenir et fut repoussé
lui-même. Il ne se dégagea qu'en faisant sauter le pont d'Oulx.
Les Piémontais nous firent quelques prisonniers.

Les troupes de la défense d'Exilles étaient prises de revers.
M. de Muret les fit replier, ainsi que celles du Pragelas, sous
Briançon, laissant seulement une garnison de 500 hommes dans
chacune des places d'Exilles, de Fénestrelles et de Pérosa. Il fit
renforcer le poste du Monestier.

Villars apprit le 1er août l'occupation du col de la Roue par
les Piémontais. Le 3 août, il sut que Briançon était menacé. Il
replia son poste de Seyssel et, sans s'arrêter à la perte probable
de Fénestrelle et d'Exilles, il prit le chemin de la Maurienne
pour passer le col du Galibier et gagner rapidement Briançon.
Le 5, le gros de ses forces était à Saint-Jean. Là il reçut des
nouvelles de M. d'Artaignan, commandant des troupes venues
de Provence, qui avait établi des postes au nord de Briançon sur
la crête de Peyrol.

Le duc de Savoie avait traversé en personne le col de l'Echelle
et avait fait attaquer les passages de Buffère et de Cristol. Il ne
put en déloger nos troupes. Les abords de Briançon restaient
libres du côté de la Guisane.

Villars voulut profiter du répit que donnaient ces nouvelles
pour envoyer un détachement sur les derrières des ennemis par
le mont Cenis ou le col de la Roue, pendant qu'avec la plus
grande partie de ses forces il passait le Galibier. M. de Médavi
fut chargé de la diversion projetée.

Le 5, M. de Maulevrier commença avec l'avant-garde le passage
du Galibier et arriva à Monestier. Le gros de la colonne suivit
le 6 et le 7, tandis que les bagages passaient plus en arrière,
par la vallée d'Arve et sans doute par le col de l'Infernet ou l'un
des cols voisins, pour tomber à la Grave[1].

A l'approche du maréchal, les ennemis évacuèrent les cols de
la Roue et de l'Echelle et se retirèrent sur les hauteurs de Saint-

---

[1] On trouve sur la carte de Bourcet un passage indiqué sous le nom de col
de Villars et qui va de la vallée de l'Arve à la Grave ou à Villar d'Arène.

Sicaire entre Césanne et Champlas-du-Col, couvrant ainsi les deux routes d'Exilles et de Fénestrelle.

Villars réunit ses troupes au mont Genèvre et attaqua le duc de Savoie pour tenter de sauver Exilles.

Attaque de la position de Saint-Sicaire par le maréchal de Villars. — Les ennemis occupèrent par des postes les abords du mont Genèvre, et comme avant-ligne, la ville de Césanne, formée de deux groupes de maisons avec murailles crénelées.

On marcha sur Césanne en deux colonnes : M. de Thouy commandait la principale à droite ; M. Le Guerchois, avec la seconde, suivit la route du mont Genèvre. La ville fut emportée, malgré les bataillons de secours que le duc de Savoie y envoya de Saint-Sicaire.

Les ennemis se replièrent sur Exilles et le maréchal de Villars campa le soir à Oulx. Le maréchal, en rendant compte au roi des derniers mouvements de l'armée, témoigne que, pour s'approcher des ennemis avec la plus grande diligence « les troupes de Sa Majesté ont traversé des routes jusqu'à présent inconnues aux armées. »

C'est, en effet, croyons-nous, la première fois que le col du Galibier fut pratiqué. Depuis lors il a été amélioré et est devenu un passage très fréquenté. Toutefois Bourcet dit que de son temps il n'était pas très bon pour les équipages. Il n'y a, du reste, que peu d'années qu'il a été rendu carrossable.

Le maréchal se loue ensuite de la conduite des troupes pendant la bataille, où l'on fit, dit-il, si peu de quartier que le nombre des prisonniers a été médiocre.

Capitulation d'Exilles et de Pérosa (10 et 12 août). — Ce succès ne sauva pas Exilles, par suite de la lâcheté de son défenseur, M. Laboulaye[1]. Sans qu'il y ait eu une brèche, à la tête d'une place pourvue de tout, ayant vingt pieds de roc du côté de l'attaque, il capitula le 12 (3e jour de l'investissement). Il fut condamné par un conseil de guerre à la prison perpétuelle.

---

[1] Les historiens piémontais reconnaissent la faiblesse coupable du défenseur de la place (voir Saluces).

Pérosa avait capitulé dans des conditions aussi honteuses le 10 août.

Les ennemis resserrèrent immédiatement Fénestrelle en s'emparant du col de la Fenêtre et en occupant Balbotet. M. de Rehbinder en fit le siège. Les tentatives de Villars furent impuissantes à secourir cette place.

Pendant ce temps, M. de Médavi, après une première tentative pour s'emparer du col du petit mont Cenis et du retranchement de l'Arpon, renouvelait son attaque en partant de Bramans, le 21 août. En se portant avec 50 hommes d'infanterie et 200 dragons contre le retranchement pour le reconnaître, il fit un simulacre de dispositions qui suffit à repousser les ennemis. Les retranchements furent rasés, les habitations brûlées.

Capitulation de Fénestrelle (31 août). — Fénestrelle se défendit bien, mais dut succomber. Le 30 août, une bombe fit sauter un magasin à poudre[1]. Le 31, M. de Barrière dut se rendre prisonnier de guerre.

Le maréchal de Villars jugea prudent de se replier du Puy où il s'était porté, sur Césanne (1er septembre).

Incursion de M. de Mauroy dans le val d'Aoste. — Du côté de la Tarentaise, M. de Mauroy avait été envoyé avec 1000 hommes à pied lever des contributions dans le val d'Aoste. Les défenseurs de la vallée, en petit nombre, évacuèrent La Thuile et se retirèrent au delà du défilé de Pierre-Taillée.

M. de Mauroy allait tourner la position par le sentier de montagnes de La Salle, Saint-Nicolas, Saint-Pierre et Sarre, lorsqu'un déserteur lui donna avis que les dragons de Savoie et un bataillon devaient arriver le même jour à Nus, à quatre heures d'Aoste.

Craignant, en s'enfonçant plus avant, d'être coupé par la vallée de Locana, c'est-à-dire par Liverogne et par le château d'Introd, ou bien par la vallée de Cogne, il se contenta de lever une somme d'argent dans le pays et se retira le 4 septembre à Séez.

---

[1] Le capitaine Bourcet, frère du lieutenant général, commandant d'une compagnie franche, avait pu sortir de la place le 27 et renseigner le maréchal sur la reddition prochaine de la ville.

Ce fut le dernier acte de la campagne. Le maréchal crut un instant pouvoir reprendre Exilles ou Fénestrelle et demanda à cet effet un parc de siège à Grenoble. Il dut bientôt se résigner à abandonner ce projet. A la fin du mois il envoya les troupes dans leurs quartiers d'hiver.

Les campagnes que nous venons d'étudier portent en elles-mêmes leurs enseignements. Nous avons essayé d'en dégager les plus saillants, au fur et à mesure qu'ils se présentaient.

Dans leur ensemble, les opérations que nous avons exposées montrent le prix que l'on doit, tout particulièrement en pays de montagnes, attacher à la possession des voies de communications principales, le soin avec lequel il faut garder les passages importants, et l'intérêt que l'on a à être maître des lignes de manœuvres les plus courtes.

L'expérience, parfois malheureuse pour nous, que l'on fit de ces préceptes, ne fut pas perdue pour l'avenir. Le maréchal de Berwick sut en profiter les années suivantes.

Ces campagnes ont en même temps fait ressortir d'une façon toute spéciale l'importance de certains passages :

1º Le col de la Roue, puis celui du Galibier, — qui jouera un si grand rôle plus tard, — destinés l'un et l'autre à relier les opérations du Briançonnais avec celles de la Savoie ;

2º Le col de la Vanoise, qui permet de tourner à la fois les défenseurs de la Maurienne et ceux de la haute Tarentaise ;

3º Le col du Cormet d'Arêches qui, depuis le duc de La Feuillade, fut pratiqué pendant toutes les campagnes de Savoie.

Ces passages n'ont rien perdu de leur importance. Il n'était pas sans intérêt de noter les conditions dans lesquelles ils ont été pratiqués tout d'abord, et de rappeler les premières campagnes grâce auxquelles on a commencé à apprécier le parti que l'on peut être appelé à en tirer.

DEUXIÈME PARTIE.

DÉFENSE DE LA FRONTIÈRE PAR LE MARÉCHAL DE BERWICK (1709-1712) [1].

Campagne de 1709.

Le maréchal de Villars n'avait pas été heureux à la tête de l'armée des Alpes. Il avait, pendant la campagne de 1708, laissé tomber au pouvoir des ennemis les quelques places qui nous restaient par delà la crête des montagnes.

Un commandement lui fut donné dans le Nord, où il devait trouver un théâtre de guerre mieux approprié au caractère propre de son génie militaire, et il fut remplacé sur la frontière du Sud-Est par le maréchal de Berwick, qui s'était distingué en Espagne pendant les années précédentes.

La mission du nouveau commandant de l'armée des Alpes était des plus difficiles. Après la série malheureuse des campagnes de 1706, 1707, 1708, la perte d'Exilles, de Perosa et de Fenestrelle laissait la frontière découverte et permettait aux ennemis d'arriver directement sous Briançon. De là l'importance toute particulière que cette place a empruntée aux événements d'alors et qu'elle a conservée depuis.

Située vers la partie centrale de la frontière, au débouché des routes qui, venant de la vallée de Suse et du Pragelas, se réunissent au pied du mont Genèvre ; commandant les routes de Grenoble et d'Embrun, maîtrisant les communications latérales vers la Savoie par le Galibier et, vers la haute Ubaye et la Provence, par Guillestre et Tournoux, Briançon devenait le pivot de la défense des Alpes. Bien organisée et solidement occupée, la place pouvait être une menace très sérieuse pour Exilles et Fenestrelle, aussi bien que pour les communications des ennemis, s'ils envahissaient la Savoie par le mont Cenis. Mais, en 1709, les fortifi-

---

[1] En outre des documents déjà indiqués comme sources, voir les *Mémoires de Berwick* et l'ouvrage *Étude sur la frontière du Sud-Est*, de M. le général BORSON.

cations de Briançon étaient loin d'être en bon état. Villars avait eu, à la fin de la campagne précédente, des inquiétudes pour la sûreté de la place et avait proposé à la Cour d'y faire exécuter un ensemble d'ouvrages sur la rive gauche de la Durance. C'est là l'origine des forts des Têtes et du Randouillet. Un camp retranché était nécessaire pour assurer les dehors de la place. M. Dillon le réclama après le départ de Villars; la Cour décida l'exécution des travaux, mais rien n'était encore fait au moment où le maréchal de Berwick vint prendre son commandement.

Il est à peine besoin de dire que l'état de l'armée se ressentait gravement de ses échecs répétés. Sa situation matérielle n'était pas de nature à contribuer au relèvement du moral des troupes, et ce ne fut pas la moindre tâche du commandement que d'assurer leur subsistance et de s'efforcer de prévenir les désertions que commençait à produire le dénuement général.

La France presque entière était dans la disette. Seules, quelques provinces, comme le Languedoc, la Franche-Comté, l'Orléanais avaient des excédents de grains de la récolte précédente. Afin de pouvoir en disposer pour les besoins des armées, la Cour avait fait défense aux intendants d'en laisser sortir autrement que pour les magasins du roi. Dans ces conditions, la question de l'approvisionnement des troupes devait se poser au maréchal, impérieuse et pressante, dès son arrivée.

Le 26 avril, jour où il prit son commandement à Grenoble, l'intendant de l'armée, M. d'Angervilliers, lui rendit compte que les magasins étaient vides et que l'on aurait de la peine à faire vivre les troupes jusqu'à la fin du mois. Le munitionnaire avait acheté des blés dans l'Orléanais, la Franche-Comté et la Bourgogne; mais il fallait du temps pour les faire venir de ces provinces et encore n'était-on pas certain que les convois ne seraient pas pillés en route par les paysans que la misère et la faim poussaient à toutes les violences.

Cet état de choses était d'autant plus fâcheux pour l'armée des Alpes que les ennemis, maîtres de la mer, se trouvaient dans l'abondance.

Berwick stimula le zèle des intendants des provinces les moins éprouvées et écrivit à Chamillart pour attirer l'attention de la Cour sur un objet aussi important.

Il ne paraît pas que la Cour fût à même de donner satisfaction au maréchal. Le grand règne était à son déclin et la situation très inquiétante de la France s'aggravait du fait de l'insuffisance d'un ministre qui cumulait les hautes charges de Colbert et de Louvois. Aussi Berwick dut-il songer surtout à se créer des ressources et ne pas trop compter sur celles qu'il demandait au ministre et au roi.

Il devenait urgent de mettre l'armée en état de prendre la campagne. Les renseignements venus du Piémont laissaient pressentir que le comte de Thaun entrerait prochainement en opérations avec les troupes impériales et, comme toujours, pour donner le change, celui-ci faisait courir le bruit d'un projet d'invasion à la fois par la Provence et par la Savoie.

Inspection de la frontière par le maréchal de Berwick. — Sa conception du plan de défense. — L'hiver avait été employé par les officiers généraux commandant les secteurs de défense, à faire des reconnaissances dans les régions praticables et à rédiger des mémoires sur les parties de la frontière confiées à leur garde.

En particulier, M. Dillon insistait, ainsi que nous l'avons vu, pour l'établissement d'un camp retranché à Briançon et, quant à M. de Médavi, qui continuait à commander en Savoie, il préconisait, entre autres mesures de défense, l'utilisation du chemin du Galibier pour relier les opérations du Briançonnais avec celles de la Maurienne et de la Tarentaise.

Afin de juger par lui-même des dispositions d'ensemble qu'il aurait à prendre, le maréchal commença l'inspection de la frontière le 1er mai. Son attention se porta tout d'abord sur le haut Dauphiné; il visita Gap, Embrun, Mont-Dauphin, Briançon, puis revint à Grenoble par le Lautaret.

La lettre qu'il adressa au roi, à la date du 8 mai, fait connaître le plan de défense auquel il s'était arrêté : ..... « Briançon, dit-il, étant le centre des frontières que Sa Majesté m'a fait l'honneur de me confier, je compte d'y mettre la plus grande partie des troupes, m'assurant pour la Provence et la Savoie une communication courte, afin de me porter du côté que l'ennemi se tournera.

« Je ne prétends pas lui disputer le comté de Nice, ni le passage du Var; l'objet est trop éloigné; il faudrait que je m'y portasse avec toute l'armée, et alors M. le duc de Savoie, par une courte marche, me devancerait en Dauphiné. Je ne prétends pas non plus lui disputer le passage du mont Cenis, ni des deux Saint-Bernard, mais seulement lui barrer le passage de l'Isère et du Rhône, bien assuré qu'il faudra de nécessité qu'il repasse les montagnes.

« Peut-être que, communiquant par le Galibier, je trouverai moyen de pénétrer dans la Maurienne, en mettant près de Valoire, au débouché dudit Galibier, un corps de troupes assez considérable pour l'arrêter et me donner le temps d'y arriver; mais de cela je ne puis parler positivement à Votre Majesté qu'après mon retour de Provence et que j'aurai été moi-même sur les lieux.

« Toute cette guerre consiste à tâcher de ne point ignorer les mouvements de l'ennemi, à faire ses navettes à propos et à prendre les stations à couper toujours à court, pendant que l'ennemi est obligé de faire un circuit. C'est, Sire, ce que je crois avoir trouvé en mettant mon centre à Briançon. Si l'ennemi se porte avec toute son armée vers la Provence, je le vois venir de loin, car il a le comté de Nice à traverser; on l'amusera quelques jours au passage du Var, et cependant je coupe au court sur Toulon; s'il retourne sur ses pas, je suis encore devant lui à Briançon, en marchant par ma queue; s'il se porte en Savoie, j'y suis du moins aussitôt que lui par le Galibier et, lui barrant l'entrée de la Maurienne, je le rejette dans la Tarentaise, par conséquent je suis toujours plus à portée de l'Isère et du Rhône que lui. »

La conception du plan de défense qui ressort de cette lettre est devenue classique. Elle est caractérisée par le choix d'une forte position centrale où le maréchal créait « un réservoir à troupes » d'où il tirerait les renforts qui pourraient lui être nécessaires aux points de sa ligne que l'ennemi menacerait.

Il fallait assurer un bon fonctionnement à ce réservoir et aux canalisations qui allaient en dériver, c'est-à-dire créer des lignes de manœuvres courtes et sûres, qui ne fussent pas en danger d'être coupées par l'ennemi.

Berwick satisfit à cette double nécessité en choisissant pour ses communications latérales une ligne presque droite et dont les extrémités étaient à une distance suffisante en arrière de la frontière. Le point d'appui central fut Briançon, la ligne de navettes du maréchal fut le chemin du Galibier, prolongé par la route de la haute Durance. Plus tard, après une inspection plus complète de la frontière, le projet de Berwick se précisera davantage dans son esprit; sa transversale s'allongera par le col de Vars, Tournoux et le col de la Caillole pour surveiller la Provence et Nice.

L'importance que prend le Galibier dans le plan de défense de Berwick apparaît en général comme une révélation. Nous avons vu plus haut que M. de Médavi avait déjà signalé cette importance, qu'il avait sans doute remarquée au cours de la campagne de Villars. Peu importe, du reste, que le maréchal de Berwick ait eu ou non la priorité de cette idée. Les meilleurs plans valent surtout par la manière dont ils sont exécutés. En la circonstance il s'agissait, comme l'explique le maréchal, de faire ses navettes à propos et pour cela d'être prévenu à temps. L'expérience prouva que Berwick était bien renseigné et que ses mouvements étaient bien ordonnés. Si nous sommes revenu ici sur le Mémoire de M. de Médavi, c'est qu'au regard de l'histoire, la personnalité de cet officier général ne nous semble pas se dégager suffisamment de la relation des campagnes auxquelles il a pris part.

Dans la même lettre du 8 mai à laquelle nous avons fait un long emprunt, le maréchal fait connaître le rôle qu'il attribue à Briançon et les travaux à y exécuter :

« Il est très certain que de Briançon dépend la conservation du Dauphiné, cette place couvrant absolument Grenoble et Embrun, car les ennemis ne peuvent amener du canon que par là ; aussi j'ai pris le parti de faire travailler incontinent à faire un camp retranché sur la hauteur des Trois-Têtes, au-dessus de Briançon et d'occuper pareillement la hauteur du Randouillet, laquelle, assurant le flanc du susdit retranchement, ferme en même temps le débouché de la vallée de Cervières, dans la plaine de Briançon ; moyennant ce camp, il n'est plus possible que les ennemis puissent amener du canon pour faire le siège de Briançon, car la hauteur des Trois-Têtes domine entièrement, à portée de fusil, le chemin par où on pourrait le conduire..... »

Enfin Berwick termine son compte rendu au roi en signalant l'état précaire des subsistances :

« Ce n'est, dit-il, qu'avec beaucoup d'économie et d'industrie que nous pourrons avoir du pain pour le reste de ce mois, après quoi je ne vois jusqu'à présent nulle assurance, et très peu d'espérances. »

Le maréchal de Catinat, que la Cour consultait toujours en matière de guerre alpine, approuva le plan de défense de Berwick.

Celui-ci, ayant eu avis que le duc de Savoie projetait d'attaquer Briançon, ordonna à M. Dillon de se porter immédiatement, avec tout ce qu'il avait de troupes sous la main, au camp de la Vachette, d'envoyer de là des postes au mont Genèvre et au col de l'Échelle, dont la campagne précédente avait fait ressortir l'importance, et d'y mettre — si toutefois on pouvait en transporter à l'Échelle — quelques pièces de campagne tirées de Mont-Dauphin (10 mai). Les travaux de la place furent du reste poussés activement ; ils avaient été commencés le 7 mai et M. Dillon se flattait qu'à la fin du mois, le camp retranché serait achevé.

Ces premières dispositions prises, le maréchal partit de Grenoble le 11 mai pour inspecter la Provence et visiter Toulon. Il put se convaincre que la droite de sa ligne était bien gardée par cette dernière place, et que l'ennemi rencontrerait suffisamment d'obstacles de ce côté pour qu'il eût le temps d'y envoyer des renforts.

Il ordonna la construction d'un camp retranché à Tournoux, autant pour défendre le col de l'Argentière que pour y puiser, le cas échéant, les premiers secours à envoyer en Provence.

Le 24 mai, le maréchal adressa une nouvelle lettre au roi, dans laquelle il complétait ses indications antérieures au sujet de son plan de défense.

« Le gros de l'armée, dit-il, sera auprès de Briançon, répandu depuis Saint-Martin-de-Queyras jusqu'à Monestier, afin de pouvoir communiquer plus complètement, par le Galibier, avec le corps de troupes que je mettrai en Maurienne, aux ordres de M. le comte de Médavi, et par le col de Vars avec le camp de Tournoux, et de là en Provence. »

Berwick continua son inspection par la Savoie. Il visita tout d'abord le pays, de Montmélian au Rhône, puis passant par Saint-Pierre-d'Albigny, il remonta la vallée de l'Arc, jusqu'à Saint-Jean-de-Maurienne et regagna Briançon par le Galibier. Il nota, à cette occasion, l'importance du poste de Valloire.

Enfin, il termina par la vallée de l'Ubaye et le Queyras.

Il devenait urgent d'arrêter les dernières mesures relatives à la répartition des troupes : le comte de Thaun, était, disait-on, à

Turin, et on l'annonçait que les troupes impériales arrivaient en Piémont.

Répartition des troupes. — Le maréchal disposait de 84 bataillons et de 16 escadrons.

Il plaça : 24 bataillons dans la vallée de Monestier,
   17   —   autour de Briançon,
   5   —   dans le Queyras,
   9   —   à Tournoux,
   1   —   à Grenoble,
   13   —   en Maurienne,
   6   —   en Tarentaise,
   9   —   en Provence.

La Tarentaise offrait des ressources en fourrages. D'après les indications que lui fournit M. de Thouy, à ce sujet, il y plaça sept escadrons. Le reste de sa cavalerie alla vivre dans la haute Provence, non loin d'Embrun.

Nous ne nous occuperons que des opérations qui eurent lieu en Savoie et dans le Dauphiné : M. de Médavi, en Maurienne, M. de Thouy, en Tarentaise, furent chargés de la défense de la Savoie. Quant au Dauphiné, il fut placé plus directement sous les ordres du maréchal : MM. de Broglie, de Cilly, Dillon, Le Guerchois, de Chamarande y servaient sous ses ordres comme officiers généraux.

Mesures prises par Berwick pour faire vivre l'armée. — La question des subsistances n'avait pas été oubliée par le maréchal, au cours de son voyage d'inspection. A l'occasion de sa visite en Provence, il alla s'entendre avec l'intendant du Languedoc, M. de Basville, et avec M. de Roquelaure, qui y commandait, afin de faire attribuer à son armée, de l'orge et de l'avoine qui étaient destinées à être exportées.

La Cour approuva cet arrangement. Mais la mesure était insuffisante pour faire vivre l'armée. Le maréchal prit sur lui de disposer de 20,000 écus provenant des revenus de la Savoie, pour faire acheter du blé en Auvergne, d'où l'on pouvait espérer l'avoir plus promptement, et comme, malgré tout, les arrivages se faisaient attendre, que la subsistance journalière était péniblement assurée, que l'indiscipline et la désertion se mettaient dans l'armée, Berwick, fit enlever de force, dans les cantons rapprochés, les blés des habitants et en assigna le payement sur les recettes des provinces.

La fourniture de la viande laissait autant à désirer que celle du pain, les entrepreneurs craignant de ne pas être remboursés ou manquant de fonds. Il fallut en arriver avec eux à l'emprisonnement pour obtenir l'exécution de ce service.

Quant à la solde, elle ne se faisait plus depuis un certain temps ; il était dû dix-neuf prêts à la plupart des troupes de l'armée.

« Le manque d'argent, écrit le maréchal dans ses *Mémoires*, était encore un grand embarras : la Cour ne nous envoyait pas le moindre secours. Cela m'obligea à prendre d'autorité tout l'argent que je trouvai dans les recettes. M. Desmarets, contrôleur général des finances, m'en écrivit, pour me représenter que cela était contre toutes les règles ; mais je lui répondis qu'il l'était encore plus de laisser périr une armée qui barrait aux ennemis l'entrée de la France, et il ne m'en parla plus. J'arrêtai aussi une voiture de cent mille écus qui allait de Marseille à Paris. M. de Trudaine, intendant à Lyon, trouva moyen d'y ajouter cent autres mille écus, et, de cette manière, je me mis un peu à l'aise. »

Les généraux qui servaient sous les ordres de Berwick, MM. de Médavi, de Thouy, de Broglie, rivalisèrent du reste de zèle pour assurer la nourriture de leurs troupes.

Dernières dispositions prises par le maréchal de Berwick. — La position de Valloire avait frappé le maréchal ; il la fit occuper par M. de Broglie, avec cinq bataillons tirés du Monestier (1ᵉʳ juillet).

Il inspecta de nouveau la Savoie, arriva à Saint-Jean-de-Maurienne, où était le gros des troupes de M. de Médavi, remonta l'Arc jusqu'à Saint-André, fit replier tous les postes de la haute Maurienne, et donna l'ordre de rompre tous les ponts, depuis Saint-André jusqu'au mont Cenis. Il traversa le col des Encombres, se fit renseigner sur les autres passages de la région et arriva à Saint-Maurice.

Il trouva le corps de M. de Thouy trop exposé, ne laissa que des petits postes aux anciens retranchements, en retira cinq bataillons et fit occuper le plateau de Vulmis. Six escadrons furent placés dans la plaine Saint-Maurice.

M. de Thouy avait déjà envoyé à Bozel, sur le chemin de la Vanoise, un détachement d'infanterie et de cavalerie. Pour garder mieux encore sa gauche contre les mouvements de revers, le maréchal fit occuper Moutiers par deux bataillons.

Commencement des opérations. — Reconnaissance dans le val d'Aoste. — Le 4 juillet, M. de Béranger, colonel du régiment de Bugey, fut envoyé en reconnaissance sur la route du Petit-Saint-Bernard, avec 4 compagnies de grenadiers, 100 fusiliers et 60 dragons. Il pénétra dans le val d'Aoste et trouva le pont Serrant occupé par un détachement ennemi. Le 5, il s'en rendit maître en le tournant. Le village de La Thuile était défendu par un poste ; il l'emporta et y fit des prisonniers. Ceux-ci lui apprirent qu'il n'y avait encore dans le val d'Aoste que les deux régiments de Schulenbourg, et que les autres troupes allemandes, dirigées tout d'abord sur Yvrée, avaient rebroussé vers Suse.

M. de Béranger rentra au camp de Saint-Maurice.

Du côté de la Stura, les ennemis ne montraient pas d'infanterie. L'objectif des Austro-Piémontais paraissant être la Savoie, le maréchal renforça son centre en appelant six bataillons de Tournoux à Guillestre, afin d'être en mesure de soutenir efficacement les postes de Saint-Jean-de-Maurienne et de Valloire, s'ils étaient attaqués.

Invasion de la Savoie (11 juillet). — Le 10 juillet, les ennemis furent signalés par M. de Broglie, au mont Cenis. Le 11, MM. de Médavi et de Broglie confirmèrent cette nouvelle et rendirent compte de l'arrivée d'une colonne, à Lans-le-Bourg. En même temps, les Impériaux, pour donner le change, faisaient courir le bruit d'une tentative d'invasion par le haut Rhône et le Chablais.

Le 12, au matin, le maréchal sut que la colonne qui venait de traverser le mont Cenis, était commandée par le comte de Thaun [1],

---

[1] Le duc de Savoie, mécontent du retard que mettait l'empereur à lui céder le Vigevanasque et les fiefs de Langhes, était encore à Turin. Il aurait même, dit-on, déclaré au comte de Thaun qu'il ne se mettrait à la tête de l'armée que s'il recevait satisfaction.

et que celui-ci s'était avancé le 11, entre Lans-le-Bourg et Ther-mignon.

Berwick, fit alors passer à Valloire deux brigades d'infanterie, avec MM. de Cilly et le chevalier de Broglie. Les six bataillons de Guillestre, que commandait M. Le Guerchois, reçurent l'ordre de se rapprocher de Briançon. Le camp retranché fut gardé par six autres bataillons. Enfin, dans le cas où l'ennemi passerait le col de la Roue, comme dans la campagne précédente, pour revenir dans la vallée de Bardonnèche, M. de Cilly devait rebrousser en toute hâte vers Briançon.

Le 13, une avant-garde ennemie arriva à Modane, fit rétablir le pont de l'Arc par les habitants et ordonna de préparer du pain pour le corps principal qui devait suivre le lendemain. Berwick fut informé que ce corps était de 9,000 à 10,000 hommes.

Le 14 au soir, le maréchal apprenait, par M. de Maulevrier, placé en observation sur la rive droite de l'Arc, que d'Aussois on avait signalé la veille le gros de la colonne ennemie et qu'elle devait arriver le jour même à Modane.

Une reconnaissance envoyée au col de la Roue, fit savoir que le pont de Notre-Dame-du-Charmaix avait été réparé. Cependant, le maréchal put bientôt se convaincre, malgré ce dernier avis, que l'effort des ennemis allait se porter sur la Maurienne et la Tarentaise : M. de Broglie s'était rendu, avec un détachement de grenadiers, à La Soudière [1], entre Saint-André et Saint-Michel, et s'était installé en ce point, bien « qu'il n'y eût d'habitation que des rochers » [2]. Il ne négligeait rien pour se procurer des renseignements et poussait des reconnaissances vers Modane. Dans la nuit du 15 au 16, il avait envoyé M. de La Salle, donner une alerte aux ennemis dans cette localité.

Par M. de Broglie, le maréchal sut, le 13, qu'un fort détachement ennemi (6,000 hommes) avait pris le chemin de la Vanoise et de Bozel. M. de Médavi confirma ce renseignement.

En même temps, les troupes de la vallée d'Aoste, sous le commandement de Schulenbourg, s'avançaient par le Petit-Saint-Bernard.

Du côté de Suse, il ne restait plus que dix-huit bataillons dont

---

[1] Près du pont de la Denise, sur l'Arc.
[2] Lettre du maréchal de Berwick.

douze, avec quelque cavalerie, campés à Salbertrand, sous les ordres de Rhebinder.

Le détachement qui avait suivi le chemin de la Vanoise était arrivé à Bozel depuis le 16. M. de Thouy pouvait être mis en péril. Cependant, il eut le temps de faire filer ses bagages sur Conflans et d'abandonner Saint-Maurice avant que sa retraite fût compromise. Il se replia devant la colonne du petit Saint-Bernard, tout en lui disputant le terrain, notamment entre Villette et Moutiers, où il eut à essuyer une vive fusillade, et il se retira sur Feissons.

Il était nécessaire d'assurer les communications de la Maurienne avec Conflans, où les troupes de la Tarentaise allaient s'établir, et où Berwick pouvait trouver, pour quelques jours du moins, un point d'appui pour sa gauche. Un pont de bateaux, jeté sur l'Isère, à Fréterive, rendit ces communications faciles, en permettant de se couvrir à la fois de cette rivière et de l'Arc. Deux bataillons furent placés à Aiguebelle, pour la garde de ce pont.

Dans la haute Maurienne, le comte de Thaun n'avait pas dépassé Saint-André.

En Tarentaise, la situation de M. de Thouy restait critique. M. de Médavi, craignant que l'ennemi ne le devançât à Conflans, en passant par Beaufort, y envoya les deux bataillons d'Aiguebelle et tira de son camp de Saint-Jean six bataillons pour les porter à son secours. Quatre bataillons furent arrêtés à Fréterive, où Berwick recommanda à M. de Médavi d'étudier l'emplacement d'un camp qu'il se proposait de faire retrancher, entre l'Isère et la montagne. Les deux autres bataillons joignirent M. de Thouy, à Feissons, où il n'avait pas encore été inquiété. Les ennemis s'étaient arrêtés et avaient campé à Moutiers.

La Maurienne ayant été dégarnie pour secourir M. de Thouy, le maréchal fit envoyer à Saint-Jean une brigade tirée du Briançonnais et se porta en personne à Valloire, suivi d'une autre brigade, qui campa entre le col du Galibier et « Bonnemin »[1], et d'un régiment de dragons qui campa entre Bonnemin et Valloire (20 juillet).

Le lendemain, M. de Thaun décampait de Saint-André à l'entrée de la nuit pour remonter la vallée de l'Arc.

---

[1] Bonnenuit.

Allait-il passer le col de la Roue pour renouveler la manœuvre de la campagne précédente? Les reconnaissances poussées dans cette direction ne signalèrent rien de nouveau.

Toutefois, afin de ne pas être pris au dépourvu du côté de Briançon, Berwick ordonna à la brigade de Chamarande de faire occuper le col de Buffère, en même temps qu'elle tiendrait la vallée de Monestier. Le maréchal resta en personne à Valloire. M. de Médavi réoccupa Saint-Jean de Maurienne et M. de Thouy resta à Feissons.

Le comte de Thaun passe par le col de la Vanoise, 21 juillet. — Craignant une attaque de Berwick sur sa ligne de communication, le comte de Thaun n'avait pas voulu pousser plus avant en Maurienne.

Après avoir campé le 21 à Aussois, le 22 à Sollières, il avait pris le chemin de la Vanoise pour se joindre aux troupes de la Tarentaise, en laissant un petit détachement à Thermignon.

M. de Thouy allait avoir sur les bras toute l'armée ennemie. Il y avait urgence pour le maréchal à faire appuyer ses troupes vers sa gauche. Il renvoya M. de Médavi, avec toutes ses forces, de Saint-Jean à Fréterive. Lui-même se porta de Valloire à Saint-Jean avec 10 bataillons.

Voulant avoir autour de ce point le gros de son armée, il y appela 14 nouveaux bataillons tirés du Monestier et de Briançon, ainsi qu'un régiment de dragons.

Valloire fut occupé par 6 bataillons (26 et 27 juillet).

Ces dispositions permetttaient au maréchal de réunir en 12 heures, au point central de Saint-Jean-de-Maurienne, plus de 40 bataillons. Les communications avec Valloire étaient faciles; quant à celles avec Fréterive, nous avons vu dans quelles conditions le maréchal les avait assurées.

Berwick attachait un grand prix à l'occupation du camp de Fréterive. En vue de la défense de ce point, il pouvait disposer de forces suffisantes pour barrer toute la vallée jusqu'à l'Isère et tenir les pentes des Bauges. Le maréchal jugeait que les ennemis ne pouvaient négliger de l'y attaquer, à moins de prendre le chemin détourné des Bauges par Tamié, auquel cas il lui serait possible de les devancer entre Montmélian et Chambéry. Aussi fit-il retrancher son camp.

M. de Thouy reçut l'ordre, s'il était obligé d'évacuer la Tarentaise, de se replier derrière l'Arly et, dans le cas où il serait forcé dans cette position, de battre en retraite sur Fréterive, en jetant 3 bataillons dans les montagnes de Tamié et 5 escadrons vers Faverges et Annecy.

Revenu à Aiguebelle, le maréchal apprit, le 28, que 4,000 chevaux avaient suivi le gros de l'armée ennemie par la Vanoise. Il ne laissa alors que 3 bataillons à Valloire avec M. de Givry et 3 bataillons à Saint-Jean avec le marquis de Broglie, puis il échelonna toutes ses troupes dans la Maurienne, à Saint-Etienne-de-Cuines (9 bataillons), à Épierre (10 bataillons), à Aiguebelle (5 bataillons et 1 régiment de dragons). M. de Maulevrier passa avec 4 bataillons sur la rive droite de l'Isère pour travailler aux retranchements. Les instructions données antérieurement à M. de Thouy furent modifiées ; le maréchal lui enjoignit, en cas de nécessité, de se replier non plus sur Conflans, mais sur Montailleur, à proximité du camp de Fréterive.

Combat livré à M. de Thouy à La Roche-Cevins, 28 juillet. — M. de Thouy venait justement ce jour-là d'avoir à soutenir un combat à La Roche-Cevins, où il avait pris position.

Le marquis de Lalande qui commandait les avant-postes fut attaqué par l'ennemi. « Il les ramena avec sagesse et vigueur », dit M. de Thouy dans son rapport daté de Conflans du 28 juillet. « Nous sommes demeurés à La Roche-Cevins, ajoute-t-il, jusqu'à ce que nous ayons eu retiré tous nos postes, et sommes venus jusqu'à La Bastie sans être pressés..... ».

Il est difficile, à la lecture de ce compte rendu, de se faire une idée exacte des conditions de l'engagement auquel il se rapporte. Au total, d'après les indications données par les *Mémoires* de Berwick, M. de Thouy perdit dans ce combat 200 cavaliers et environ 300 ou 400 hommes de pied. Le maréchal le blâme de « sa mauvaise disposition, ayant mis l'infanterie en plaine et la cavalerie dans des marais ».

Toutes les troupes durent alors appuyer de nouveau vers l'Isère. En outre, le maréchal ayant appris (29 juillet) que l'armée ennemie avait campé dès la veille à une lieue et demie de Conflans et que M. de Thouy n'avait pu, faute de pain, envoyer dans les Bauges le détachement qu'il devait y faire, jugea son camp trop aventuré à Fréterive et préféra se retirer à Montmélian. Il s'appuya aux ruines de la forteresse, occupa les hauteurs qui dominent la plaine et établit son quartier général à Francin. Il n'était guère qu'à quatre heures de Chambéry et il lui était possible de couvrir cette ville, même contre un mouvement de l'ennemi par les Bauges. Pour être renseigné de ce côté, il envoya M. de Béranger, avec 400 hommes choisis, au col de Tamié.

Le maréchal avait 19 bataillons et 17 escadrons à Montmélian. Les autres troupes étaient disposées en cordon vers le Briançonnais par la Maurienne et Valloire :

5 bataillons et 3 escadrons avec M. de Muret, à La Croix-d'Aiguebelle (3 lieues de Montmélian);

15 bataillons sous le commandement de M. de Chamarande, à Aiguebelle;

4 bataillons avec M. de Cadrieu, à Saint-Etienne-de-Cuines;

3 bataillons commandés par M. de Broglie, à Saint-Jean-de-Maurienne.

Et enfin 3 bataillons, avec M. de Givry, à Valloire.

Chacun des groupes de la Maurienne dut envoyer des postes d'observation sur les crêtes entre l'Arc et l'Isère pour suivre la marche des ennemis en Tarentaise.

Ceux-ci s'étaient emparés de L'Hôpital et y faisaient construire des fours. La situation fut jugée assez menaçante de ce côté pour que le maréchal rappelât à lui la brigade de La Croix-d'Aiguebelle, qui fut remplacée à ce poste par des troupes tirées d'Aiguebelle. On dégarnit à nouveau le Briançonnais de 6 bataillons qui vinrent renforcer le poste de Valloire.

On travaillait à mettre Montmélian en état de défense. En même temps, craignant une diversion dans la haute Savoie par le Chablais, le maréchal poussa les dragons de M. de Prade à Annecy. Quant aux débouchés des Bauges vers Chambéry, il les fit d'abord surveiller par un petit poste établi vers La Thuile (1er août); puis, quelques jours après, il envoya au Châtelard un nouveau détachement avec M. de Maulevrier. Celui-ci réunissant sous son commandement les autres corps des Bauges, put disposer d'environ 1,500 hommes.

Les ennemis restèrent dans l'inaction à leur camp de Conflans jusqu'au 15 août.

Pendant ce temps, le maréchal eut à prendre de nouvelles

mesures pour assurer la solde et les vivres et prévenir les désertions.

4 régiments de cavalerie vinrent renforcer l'armée ennemie à Conflans. On sut alors que cette armée comprenait 45 bataillons et 10 régiments de cavalerie ou 42 escadrons [1].

Ces troupes n'étaient pas toutes réunies : 10 bataillons gardaient les convois et les communications vers Moutiers.

Le 15, les Austro-Piémontais poussèrent une pointe à Faverges. M. de Prade ne signalait rien encore d'Annecy. Il convenait toutefois de prendre des précautions pour la défense de la plaine, de Chambéry au Rhône.

M. de Cilly fut envoyé vers Chambéry avec 9 escadrons de dragons et 5 bataillons, prêt à se porter sur le Rhône par le mont du Chat. M. de Prade reçut l'ordre, s'il était forcé à Annecy, de se replier sur Seyssel. En même temps, le maréchal recherchait aux abords de Chambéry une position de défense qui lui permît d'arrêter l'ennemi s'il marchait sur cette ville et de couvrir en même temps la route des Echelles. Cette reconnaissance n'eut pas de sanction.

Le 22 août, un gros détachement ennemi ayant marché sur Annecy [2], M. de Prade dut se retirer sur Seyssel, avec deux régiments de dragons. Le maréchal lui envoya 600 hommes d'infanterie pour le soutenir. Les milices de la Bresse et du Bugey furent convoquées pour contribuer aussi à la défense du fleuve. Les ponts de Lucey, de Cressin, furent occupés par un régiment de dragons; des postes d'infanterie furent établis à Chanaz et au Bourget. Berwick les plaça sous le commandement de M. de Cilly.

On était au 24 août; on pouvait présumer que les ennemis, qui ne fortifiaient pas Conflans, ne songeaient pas à pousser plus loin leur invasion. Toutefois, ce même jour, un détachement de 1000 fantassins, avec quelques cavaliers, se présenta devant M. de Maulevrier, qui occupait toujours Le Châtelard. Ils furent repoussés,

---

[1] Les *Mémoires de Berwick* disent 70 escadrons. Pour ce chiffre, comme pour divers autres renseignements, nous avons cru devoir adopter les indications fournies par l'ouvrage du général Pelet qui a été composé d'après les pièces officielles et la correspondance du maréchal.

[2] Le château d'Annecy fut attaqué. Sa garnison, composée d'une compagnie détachée, d'une compagnie franche et de quelques invalides, s'était rendue à discrétion après vingt-quatre heures de défense.

mais ils reparurent peu après en plus grand nombre, et M. de Maulevrier dut se mettre sur la défensive. Berwick le renforça de 4 compagnies de grenadiers. D'autre part, les bois d'Aillon et de La Thuile favorisèrent sa retraite.

Dans le même temps, les ennemis firent une démonstration dans la vallée de l'Isère, entre Saint-Pierre d'Albigny et Miolans, avec 400 grenadiers et 200 chevaux. Le maréchal de Berwick envoya un détachement pour les repousser, mais ce fut inutile ; ils se retirèrent d'eux-mêmes à la pointe du jour, non sans essuyer le feu des postes placés soit au château de Miolans, soit à la gauche de l'Isère.

Cette démonstration fut suivie, le 25, du mouvement d'une partie de l'armée ennemie sur Faverges. Un poste de communication important avait été placé au col de Tamié. Un détachement de fourrageurs envoyé le même jour près de Fréterive, fut repoussé.

Diversion de M. de Rhebinder sur Briançon. — Pendant que le comte de Thaun continuait ainsi à s'avancer en Savoie, M. de Rhebinder faisait une diversion sur Briançon. Le 25 août, à la tête de 14 bataillons, 1 régiment de dragons, 1 régiment de cavalerie et 500 Vaudois, il s'avança vers Oulx et Césanne et vint camper au-dessus de cette ville.

Le lendemain, avant le jour, une partie de ces troupes marcha sur La Vachette, pendant que l'autre cherchait à gagner les côtes vis-à-vis du camp retranché de Briançon. M. Dillon, averti à temps, fit prendre les armes aux troupes de cette place et s'avança avec un détachement pour reconnaître de près la marche de Rhebinder. Il put arriver avant ce dernier à La Vachette et s'apprêta à défendre ce village. Les Austro-Piémontais n'avaient pas de canon. Ils attaquèrent une maison crénelée qui avait servi de poste. Les troupes de la défense soutinrent trois attaques, puis M. Dillon prit l'offensive. Les ennemis étonnés reculèrent, se mirent en bataille à 200 toises en arrière et placèrent des postes de soutien sur les hauteurs. M. Dillon les culbuta et les repoussa jusqu'au défilé du mont Genèvre. Ils avaient perdu, d'après le rapport de cet officier général, plus de 600 hommes et 25 officiers tués ou blessés. On trouva sur le lieu du combat 300 morts et 80 blessés, dont 8 officiers. On fit en outre 100 prisonniers.

En somme les seuls succès dont pouvaient se flatter nos ennemis sur la frontière du Sud-Est étaient peu brillants, puisqu'ils n'avaient pas été disputés, et le commandant de l'armée des Alpes pouvait envisager avec confiance la fin de la campagne. On était moins rassuré à la Cour sur les événements de la frontière d'Allemagne; aussi, après l'invasion de l'Alsace par Mercy, le maréchal de Berwick avait-il cru devoir proposer d'envoyer en Franche-Comté une partie de sa cavalerie et quelques bataillons.

En même temps, pour ne pas laisser les ennemis se prévaloir de nos échecs en Alsace, il ordonna à M. Dillon de menacer Exilles. Celui-ci se porta sur Saint-Sicaire. M. de Rhebinder se hâta de jeter 10 bataillons dans les retranchements de Saint-Colomban, et d'en placer cinq dans les vallées de Pragelas et de Saint-Martin.

Les Austro-Impériaux occupent Annecy et menacent la ligne du Rhône. — Le 2 septembre, le comte de Thaun reprit sa marche en avant ; il se porta avec toute sa cavalerie et 3,000 hommes d'infanterie à Annecy et il lança ses escadrons vers le Rhône. Ses troupes devaient, disait-on, tenter de se réunir à celles du comte de Mercy, en Franche-Comté.

Dans cette hypothèse, la défense du haut Rhône devenait d'une grande importance pour Berwick. Mais déjà, à la nouvelle d'une défaite des Impériaux en Alsace, la cavalerie destinée à la Franche-Comté avait reçu contre-ordre, et Berwick en avait disposé pour border le fleuve, en la faisant soutenir par des détachements d'infanterie. Indépendamment des postes de Chanaz et du Bourget, il fit occuper Lucey par onze compagnies de grenadiers, sous le commandement de M. de Polastron.

En même temps, le maréchal continuait à faire travailler à son camp de Montmélian. Il fit retrancher les gués de l'Arc, en aval d'Aiguebelle et occuper le château de Sainte-Hélène-des-Millières. De ce poste, on apercevait le camp des ennemis à Conflans. On apprit que les Austro-Sardes avaient reçu, le 4 septembre, 10 pièces d'artillerie de 4 et de 8. On sut aussi que le duc de Savoie faisait lever des milices dans le Chablais et dans le Faucigny, et qu'il incorporait les meilleures dans ses troupes.

Ces mesures indiquaient l'intention de pousser plus loin l'invasion. Mais la nouvelle, confirmée, des insuccès des Impériaux en Alsace et de la défaite de Mercy par le comte du Bourg, à Rumersheim, changèrent les dispositions des Alliés.

Retraite des ennemis. — Le 13 septembre, le comte de Thaun se replia sur Faverges, laissant seulement une garde à Annecy pour occuper la ville et le château. La veille, M. de Broglie avait fait savoir que l'on travaillait aux chemins du côté d'Aime et de Saint-Maurice, et que l'on expédiait beaucoup de malades vers cette dernière localité. On apprit également, le 16, que six escadrons avaient quitté Conflans pour se retirer sur Moutiers. Les autres troupes suivirent à quelques jours d'intervalle, en commençant par l'artillerie. Il convenait pour les ennemis de se hâter, car les neiges commençaient à tomber. Le gros de l'armée du comte de Thaun évacua son camp le 24, après avoir rallié les détachements d'Annecy, de Faverges et de Tamié, puis il gagna Aigueblanche et Moutiers, en se faisant flanquer à gauche par un détachement de 4,000 à 5,000 hommes qui remonta la vallée de Beaufort.

Les ennemis croyaient pouvoir prendre le chemin de la Vanoise. Le général piémontais de Corbeau fut envoyé à l'avance pour s'assurer du poste de Thermignon, par où M. de Rhebinder lui tendrait la main, à travers le mont Cenis.

Mais les neiges avaient rendu le passage impraticable. Le comte de Thaun dut remonter la Tarentaise et passer le Petit-Saint-Bernard. Toutefois, afin de ne pas laisser M. de Rhebinder complètement isolé vers Exilles, pendant que le gros de l'armée descendrait le val d'Aoste, le corps détaché qui avait suivi la vallée de Beaufort dut traverser l'Iseran, pour gagner rapidement Suse par le mont Cenis.

Les ennemis, du reste, ne furent pas inquiétés dans leur retraite. Le maréchal, ainsi qu'il en rendit compte au roi le 26 septembre, se contenta de les faire longer en remontant la vallée de l'Arc. Il avait surtout hâte de se rapprocher de Briançon, autant pour prévenir une entreprise qu'il craignait sur le Queyras, que pour avoir, si l'occasion était propice, les moyens de tenter un coup de force sur Exilles, avant que Rhebinder y reçût des renforts. Mais dès cette date (26 septembre), Berwick avait des raisons de croire sa mission terminée, et il en fit connaître les résultats dans sa lettre au roi : « La Savoie, écrit-il en terminant, a été la seule victime de la campagne ; elle a été mangée par les deux armées. Les Allemands y ont commis des désordres affreux, et je puis assurer Votre Majesté que votre armée y a vécu avec assez de discipline. »

Le maréchal avait laissé en Maurienne M. de Médavi, avec douze bataillons, et M. de Cilly, avec douze bataillons et toute la cavalerie, sur la rive droite de l'Isère. Il arriva avec le gros de ses forces à Valloire, le 29. Le 30, il était à Briançon. En raison de la pénurie des approvisionnements, il dut renoncer à rien entreprendre contre Exilles. De ce côté, M. de Rhebinder, tenu en échec par M. Dillon, continuait à occuper les retranchements de Saint-Colomban.

L'armée fut provisoirement disloquée pour vivre plus commodément ; Berwick établit son quartier général à Briançon :

27 bataillons restèrent dans le Briançonnais ;
10   —   furent envoyés dans le Queyras ;
5   —   à Guillestre ;
9   —   dans la vallée de Barcelonnette.

L'inaction forcée de cette fin de campagne fut d'autant plus regrettable, que l'on sut que les Impériaux avaient pris le chemin de la Lombardie, que seules les troupes du duc de Savoie restaient sur la frontière de Piémont et que, le 10 octobre, il n'y avait encore autour de Suse et d'Exilles que le corps de Rhebinder et le détachement venu de Beaufort.

La mauvaise saison fit bientôt renoncer à toute opération ultérieure. Le 11 octobre, le maréchal répartit ses troupes dans leurs cantonnements, en les groupant de manière qu'en quatre heures elles pussent se rassembler dans leurs différents centres. Cette condition pourrait donner l'idée d'une facilité de mise sur pied de guerre qui ne serait pas de cette époque. Aussi, ne doit-on voir, dans les mesures de vigilance prises par Berwick, que les moyens de tenir les troupes en alerte et de leur permettre, si besoin était, de s'opposer à un coup de main, sur un point de la frontière, en particulier sur Briançon.

Le groupement indiqué ci-dessus ne fut guère modifié. Le maréchal dégarnit seulement un peu Guillestre, de manière à avoir trente bataillons autour de Briançon.

En Savoie, on occupa Saint-Michel, Saint-Jean-de-Maurienne,

Montmélian. Un bataillon fut placé à Barreaux. Le quartier général fut reporté à Grenoble.

Peu après, le maréchal dut quitter cette ville pour se rendre à la frontière du Nord, que le résultat de la journée de Malplaquet et la blessure de Villars laissaient en péril.

M. de Médavi exerça provisoirement le commandement de l'armée des Alpes.

Campagne de 1710.

Nous ne ferons que mentionner en passant la campagne de 1710. Les quelques opérations actives auxquelles elle donna lieu se produisirent principalement autour du camp de Tournoux. Les ennemis en avaient fait leur objectif, et le comte de Thaun, avec le gros des forces austro-sardes, avait franchi le col de l'Argentière, pendant que M. de Schulenbourg et le baron de Regal faisaient une double diversion sur les frontières de la Savoie et du Dauphiné.

Les dispositions prises par le maréchal de Berwick pour l'approvisionnement et la sûreté du camp de Tournoux firent échouer le projet du comte de Thaun. Dès la fin d'août, le général des Impériaux renonça à continuer la campagne, et commença à faire établir des baraquements pour son armée.

Du côté de Briançon, M. de Rhebinder, avec une partie des troupes du baron de Regal, parut vouloir inquiéter la place. Le 27 juillet, il se porta avec 12 bataillons, 12 pièces de canon et 2 mortiers, sur les hauteurs de Césanne, puis, le 29, il s'avança par le mont Genèvre avec l'intention d'attaquer le poste de la Vachette, défendu par deux bataillons. M. Dillon fit occuper les hauteurs voisines du camp des ennemis; on les fusilla pendant la nuit, et on les obligea à rétrograder sur Saint-Sicaire.

Dans les premiers jours d'août, les troupes de M. de Rhebinder se retirèrent de Saint-Sicaire à Oulx.

Campagne de 1711.

Après la campagne de 1709, la cour avait été dans l'obligation d'enlever 14 bataillons à l'armée des Alpes pour les envoyer à la frontière du Nord, où devait se décider le sort de la Monarchie.

En 1711, de nouvelles exigences ayant encore fait distraire de cette armée quatre nouveaux bataillons, son infanterie se trouva réduite à 66 bataillons.

Comme palliatif, les effectifs des unités furent relevés et les compagnies portées de 45 à 50 hommes. En outre, le roi leva des milices pour contribuer à la défense du pays.

Il faut ajouter que la situation matérielle de l'armée s'était améliorée, et que, grâce à la récolte de l'année précédente, le commandement ne se trouvait plus aux prises avec les difficultés d'approvisionnement en céréales que nous avons signalées en 1709.

On put croire un instant, à la mort de l'empereur Joseph (17 avril 1711), que la grande coalition allait se disloquer. L'avènement au trône impérial de l'archiduc Charles, l'un des prétendants à la couronne d'Espagne, était de nature à refroidir l'enthousiasme des puissances qui faisaient un grief à Philippe V de ne pas renoncer à l'héritage de Louis XIV. Le duc de Savoie, en particulier, paraissait peu disposé à donner de nouveaux gages à l'Autriche. Son zèle pour la cause commune avait déjà semblé tiède durant les dernières campagnes, et la question toujours pendante du Vigevanasque ne pouvait qu'entretenir son irritation à l'égard de l'Empire.

Il y avait là pour la cour de France une occasion de chercher à le détacher de la coalition. Des négociations furent entreprises dans ce sens; mais on crut prudent, en même temps qu'on pressentait Victor-Amédée sur ses intentions, de se mettre en garde contre lui en rapprochant nos troupes de ses frontières. La précaution n'avait rien que de légitime. Le duc de Savoie ne pouvait raisonnablement y voir un moyen d'intimidation, mais simplement une mesure de sécurité de notre part. Pourtant il en prit ombrage, et comme à ce moment l'Angleterre sut fort habilement lui faire passer un subside destiné à avoir raison de ses rancunes à l'égard de ses anciens alliés, il se prépara de nouveau à la guerre.

Pour faire oublier ses hésitations, Victor-Amédée fit un nouvel effort, afin de mettre sur pied des forces respectables. Ses troupes actives comptèrent 6 bataillons de plus, dont 4 achetés en Allemagne, et 6,000 hommes de milices se tinrent prêts à marcher. De leur côté, les troupes impériales se constituaient sous le commandement du comte de Thaun qui arriva le 9 mai à Turin.

Au total, les Austro-Sardes allaient mettre en ligne :

Piémontais : 24 bataillons représentant 15,600 hommes d'infanterie et 3,500 cavaliers.

Impériaux : 17,000 hommes d'infanterie et 3,000 hommes de cavalerie et d'artillerie.

Soit environ 39,000 hommes.

Les Alliés prirent une position centrale à Orbassano—Pignerol—Vigone, qui permettait toutes les combinaisons ultérieures et autorisait toutes les hypothèses.

Nous avons vu, d'autre part, quels prélèvements avaient été faits par la cour de France sur son armée des Alpes. Il restait au maréchal de Berwick 66 bataillons et 29 escadrons, formant un effectif de 34,000 hommes.

Le maréchal vint prendre son commandement dans le courant de juin, au retour d'une mission sur la frontière du Nord, où il était allé accompagner Villars.

Il commença son inspection de la frontière par la Provence, où commandait M. de Grignan, avec le chevalier d'Asfeld en sous-ordre.

M. de Médavi qui, avant l'arrivée du maréchal, avait été chargé de prendre les mesures urgentes pour la défense de la frontière, avait pourvu à l'aménagement ou à la réparation des chemins qui pouvaient être utilisés comme lignes de manœuvres. Ceux d'Allos et du col de Vars étaient en bon état. A la suite de son inspection des postes de la haute Provence, Berwick fit ouvrir de nouvelles communications entre cette province et le Dauphiné.

Le maréchal établit tout d'abord son quartier général au pont de Cervières. Puis, sur les indications d'un déserteur ennemi qui lui signala un mouvement des Alliés vers Busca, dans la direction de Coni, il fit appuyer ses troupes vers la droite, se transporta en personne à Guillestre, et y établit un camp central de 24 bataillons, où il put attendre sans trop d'inquiétude que le plan des Alliés se précisât mieux.

Les défenses de Briançon, les Têtes et le Randouillet pouvaient défier les ennemis ; la garde de la Savoie était assurée par le chemin en bon état du Galibier. Les chemins du Queyras et de la vallée de Barcelonnette, aménagés à cet effet, permettaient de conduire des pièces de 4 dans les postes de ces régions. Le camp de Roux en Queyras fut retranché. Dans le cas d'une invasion en Provence, les troupes de M. d'Asfeld pouvaient être renforcées en quatre jours par celles de Tournoux, en 5 jours par celles de Guillestre. Enfin, la position de Melven parut à Berwick heureusement située pour arrêter les ennemis, s'ils débouchaient par le col de l'Argentière.

L'incertitude au sujet des projets des Alliés ne fut pas de longue durée. Le 4 juillet, le maréchal fut avisé que la plus grande partie des troupes d'infanterie se portait vers Suse, pendant que la cavalerie remontait le val d'Aoste. Le 5, ces renseignements furent confirmés par un espion. Le duc de Savoie, accompagné du prince de Piémont et du comte de Thaun, avait quitté Turin le 3 pour se rendre à Suse, où il arriva le lendemain 4.

Invasion de la Savoie. — Après avoir laissé autour de Fenestrelle et d'Exilles 10 bataillons sous le commandement du comte de La Roque, Victor-Amédée détacha le comte de Thaun dans le val d'Aoste avec une dizaine de bataillons et la cavalerie pour passer par le petit Saint-Bernard, pendant qu'avec le gros de ses troupes il descendrait en Maurienne par le mont Cenis.

Le 6, son avant-garde arriva à Lanslebourg. Le lendemain, il campa à Thermignon avec 40 bataillons. Le 8, il envoya 4,000 hommes au col de la Vanoise pour se relier au comte de Thaun.

Berwick se rapprocha en toute hâte de la Savoie. Le 9 juillet, il était à Valloire où il réunit 21 bataillons. Il détacha en avant-poste le chevalier de Roy, avec 7 compagnies de grenadiers, à La Soudière — en ce point qui avait été si heureusement occupé par M. de Broglie en 1709, — le fit soutenir par 3 bataillons placés entre Valloire et Saint-Michel, et envoya 8 bataillons à Saint-Jean-de-Maurienne.

La crainte d'un retour des ennemis par le col de la Roue fit laisser 10 bataillons dans la vallée de Monêtier. Briançon fut gardé par 17 bataillons, dont 3 appelés de Tournoux, qui tinrent en échec M. de La Roque. Il ne resta que quelques troupes à Tournoux, qui n'était pas menacé, et 5 bataillons avec un régiment de cavalerie, dans le comté de Nice.

De son quartier général de Valloire, le maréchal gardait en toute sécurité la Maurienne et le Briançonnais. En Tarentaise, par contre, M. de Prade, qui ne disposait que de 2 bataillons et de 2 régiments de cavalerie, était très en l'air. Il reçut l'ordre « de se replier à mesure que les ennemis s'avanceraient, et, s'ils venaient à passer l'Arly, de se retirer avec ses dragons du côté de Seyssel, pour garder le haut Rhône, où il serait joint par les milices du Bugey et de la Bresse ; alors, de renvoyer sa cavalerie et son infanterie au camp de Montmélian où étaient déjà 13 escadrons. C'était aussi à Montmélian que M. le maréchal de Berwick se proposait de faire rassembler sous les ordres de M. de Cilly, qui était à Saint-Jean-de-Maurienne, un corps proportionné à celui que le comte de Thaun pouvait avoir dans la Tarantaise. »

C'était une réédition de l'invasion de 1709 qui s'annonçait de la part des ennemis, mais, au lieu de faire comme dans cette dernière une halte de 5 ou 6 jours dans la haute Maurienne, ils prirent de suite le chemin de la Vanoise pour rejoindre leur colonne du petit Saint-Bernard. Le passage commença dans la nuit du 9 au 10 juillet.

L'exposé de la campagne de 1709 a fait ressortir tous les mouvements de l'armée de Berwick. Nous avons indiqué le glissement, pour ainsi dire jour par jour, de ses troupes sur la ligne de manœuvres de Valloire à Montmélian, en faisant halte à Saint-Jean-de-Maurienne, à Aiguebelle et à Fréterive. Il y aurait moins d'intérêt à entrer dans les mêmes détails à propos de la campagne de 1711.

A une offensive semblable, on peut dire qu'un même mode de défense s'imposait. Tandis que les deux colonnes ennemies se réunissaient à Moutiers et y restaient jusqu'au 13 juillet, M. de Prade, qui avait été obligé de reculer devant le comte de Thaun, repliait ses escadrons sur Seyssel, après avoir, conformément aux ordres reçus, envoyé son infanterie à Montmélian. En même temps, le maréchal se rapprochait de ce dernier point où, comme nous l'avons vu, il avait projeté de concentrer ses troupes.

Le 14 juillet, l'armée ennemie rejoignit son avant-garde à Conflans, traversa l'Arly et campa, la droite à Chevron, la gauche à l'Isère.

Le duc de Savoie poussa sa cavalerie sur la route de Faverges jusqu'à Annecy.

Immédiatement renseigné sur ce mouvement, Berwick se porta à Montmélian et y appela le gros de ses forces (15 juillet). Abstraction faite des troupes du Briançonnais dont il a été parlé, il ne fut laissé que 9 bataillons dans la Maurienne, échelonnés de façon à garder la ligne de manœuvres du maréchal, et assez rapprochés de son camp pour le rejoindre en deux ou trois jours.

M. de Maulevrier fut détaché dans les Bauges, avec 5 bataillons. Il eut pour mission d'occuper la Chartreuse-d'Aillon. La majeure partie de la cavalerie fut envoyée à Chambéry. En même temps, M. de Creil recevait l'ordre de s'établir à Chanaz avec 2 bataillons, et de construire un pont sur le Rhône.

L'attention du maréchal fut immédiatement appelée du côté des Bauges. Pendant que les ennemis envoyaient un corps de 4,000 hommes à Grésy, ils poussaient un détachement de même force au Châtelard, sous le commandement du général Sumjungen.

Le 19 juillet, à 6 heures du matin, M. de Maulevrier, posté vers la Chartreuse-d'Aillon, vit des troupes déboucher sur son front, au col de Fully, pendant qu'une colonne cherchait à le tourner par le chemin du col du Frêne, Sainte-Reine et Ruthènes, d'où l'on arrive facilement dans le vallon de Lindar, par le col de la Sciaz.

Cette colonne fut repoussée. Toutefois, ce commencement de succès ne suffit pas à donner confiance à M. de Maulevrier, qui rendit compte au maréchal du mouvement des ennemis, en lui demandant de lui faire parvenir des renforts sur sa ligne de retraite.

Jugeant sa position trop menacée, il se retira devant les Austro-Sardes. Après avoir évacué successivement le couvent et la combe d'Aillon, il se replia sur le col de Lindar, puis, ayant vu de petites colonnes gagner les hauteurs pour le déposter, il continua sa retraite et arriva le soir même du 19 à La Thuile. Sur sa demande, le maréchal avait envoyé, pour le soutenir, 6 bataillons au Vernet, avec M. de Saint-Pater.

M. de Maulevrier n'avait perdu dans sa retraite que 12 déserteurs, qui passèrent à l'ennemi, au moment où il se présenta. Si le manque de renseignements circonstanciés sur ces événements ne commandait la plus grande réserve en matière d'appréciation, il serait peut-être permis d'observer que le fait de s'être retiré sans perte ne témoigne pas d'une attitude vigoureuse de la part de la défense, en une circonstance où l'abandon d'un pays de l'importance des Bauges allait avoir une influence si fâcheuse sur l'armée tout entière.

Le 20, M. de Maulevrier avait rallié au Vernet M. de Saint-Pater, qui eut alors 11 bataillons à sa disposition. Mais le poste du Vernet se prêtait mal à une défense, comme le maréchal put le reconnaître, et il était trop isolé de Montmélian. Berwick dut évacuer son camp.

Retraite du maréchal du Berwick sous Fort-Barraux. — Après avoir fait occuper le rocher et la ville de Montmélian par une brigade d'infanterie, et le poste de La Chavanne par 5 bataillons et 3 escadrons, le maréchal se mit en retraite sur Barraux (21 juillet). Le 23, il rendit compte au roi des raisons de cette retraite :

« ... Je n'ai pas cru, dit-il, pouvoir rester plus longtemps dans le camp du susdit Montmélian, lequel d'excellent qu'il était quand nous étions maîtres de la combe d'Aillon, est devenu très dangereux depuis que nous l'avons perdue ; les troupes postées sur notre gauche auraient été fort ébranlées par le feu supérieur des ennemis qui étaient directement sur notre flanc. »

La position de Barraux présentait cet avantage que tout en défendant la vallée du Grésivaudan, elle permettait à Berwick de rester maître de la rive gauche de l'Isère, ainsi que de celle de l'Arc, et de continuer à assurer ses communications avec Briançon, par la Maurienne. Le pont de la Gâche le mettait à cheval sur l'Isère. Le poste de La Chavanne, et plus tard celui de Châteauneuf, relièrent le camp de Barraux aux troupes d'Aiguebelle et de Valloire.

Pour garder la route de Lyon, il envoya M. de Cilly, avec 17 escadrons, occuper le point important des Échelles. Cet officier général prit position en arrière du Guiers, observant les 2 chemins d'Aiguebelette et d'Yenne.

A part les troupes de M. d'Asfeld dans le Briançonnais, les quelques bataillons laissés sur le Var, 3 bataillons postés en Maurienne ou à Valloire, et 2 bataillons qui formaient en quelque sorte l'arrière-garde de l'armée à La Chavanne avec M. Le Guerchois, toute l'infanterie était réunie à Barraux. C'était environ 40 bataillons que le maréchal avait dans sa main.

Il fit travailler immédiatement à retrancher son camp.

Dans sa retraite, Berwick n'avait été suivi que par une avant-garde ennemie. Le 24, l'officier qui commandait le poste de Sainte-Hélène-des-Millières, lui rendit compte que le gros de l'infanterie des Austro-Sardes s'était avancé de Conflans à Montailleur. On sait que la cavalerie paraissait chercher à gagner le Rhône par Faverges et Annecy.

Le maréchal fit placer de l'artillerie sur la rive gauche de l'Isère, pour canonner les ennemis pendant leur marche au delà de Montailleur ; ils se dérobèrent à cette menace en gagnant Fréterive pendant la nuit. Berwick, s'étant porté le 25 à Châteauneuf, put les voir établir leur camp en-dessous de Miolans, près de Saint-Pierre-d'Albigny. Le duc de Savoie y avait 40 bataillons.

Les rivières commençaient à baisser. Le maréchal, craignant que Victor-Amédée ne tentât de franchir l'Isère ou l'Arc, plaça M. Dillon à Châteauneuf, avec 6 bataillons, et lui donna le commandement de tous les postes voisins (La Chavanne, Croix-d'Aiguebelle, Aiguebelle), avec mission de surveiller les cours d'eau et d'en interdire le passage, le cas échéant.

Les travaux de défense entrepris à Barraux permettaient à Berwick de faire des détachements. Il y avait urgence à couvrir la Chartreuse et la route des Échelles : M. de Cadrieu reçut l'ordre de se porter avec 1300 hommes à Entremont, donnant la main à M. de Cilly, qui était toujours aux Échelles avec sa cavalerie.

De son côté, la Cour, craignant les incursions des ennemis sur le Rhône, avait ordonné d'envoyer à l'armée des Alpes 19 escadrons, tirés tant du Languedoc que de l'armée du Rhin. Mais ce secours était encore bien éloigné. Le maréchal trouva une aide plus immédiate dans les milices du bas Dauphiné, du Bugey et du pays de Gex, qui s'organisaient pour défendre les bords du Rhône.

A Lyon, le prévôt des marchands, M. de Ravat, avait déjà pris des dispositions pour la sûreté de la ville, et en particulier pour la défense du faubourg retranché de La Guillotière.

Jusqu'au 27 juillet, les ennemis ne firent aucun mouvement. Le 28, ils levèrent leur camp de Saint-Pierre-d'Albigny et vinrent s'établir entre Notre-Dame-de-Myans et Francin.

M. Dillon, qui observait leurs mouvements, put, du poste de La Chavanne, canonner leur colonne, y causer du désordre et leur tuer du monde. Il rejoignit ensuite le maréchal à Barraux.

Pendant ce temps, la cavalerie des ennemis se rapprochait de leur infanterie, et, par Rumilly, s'avançait sur Chambéry. Le 31, M. de Cilly fit savoir que 44 escadrons occupaient cette ville et que l'on en attendait d'autres.

A cette même date, Berwick, toujours inquiet au sujet du poste de Valloire put, en raison de l'achèvement des travaux de son camp de Barraux, renvoyer en Maurienne M. Dillon et M. de Broglie pour assurer sa liaison avec ce poste.

Rien au camp de Chambéry ni à celui des Marches n'indiquait de la part des ennemis la volonté de pousser plus avant leur invasion. La ligne du Rhône ne paraissait pas menacée. Le seul fait de ne pas s'en être emparé au moyen de sa cavalerie, avait de quoi rassurer sur les intentions ou les moyens du duc de Savoie. Il est vrai que Victor-Amédée avait dû rester en personne à Saint-Pierre-d'Albigny, retenu par la fièvre ; mais son arrivée au camp des Marches ne parut apporter aucun changement dans les dispositions des alliés.

Il y eut seulement quelques engagements avec les corps de MM. de Cilly et de Cadrieu. Au premier, les Austro-Sardes enlevèrent un poste de 50 hommes, mais un détachement sorti du camp d'Entremont, qu'occupait toujours le second, ayant rencontré un parti ennemi, le défit et lui prit 2 officiers et 15 hommes.

Le comte de La Roque donnait toujours des inquiétudes au maréchal. A la nouvelle qu'il amassait des farines et des fourrages autour de Suse et d'Exilles, Berwick put croire qu'il projetait de passer en Maurienne. Pour parer à cette éventualité, le maréchal renforça M. Dillon, qui était à Aiguebelle, et le mit à la tête de 15 bataillons et de 15 escadrons (10 août).

Le 14 août, Berwick apprit que les renforts de cavalerie venus d'Italie étaient en marche d'Annecy à Chambéry, au nombre de de 22 escadrons. Il sut aussi que les 2 bataillons laissés primitivement par les Alliés à Grésy avaient rallié le camp des Marches. Il pensa, et des rapports le confirmèrent dans cette idée, qu'après avoir réuni ses troupes entre Chambéry et Montmélian, Victor-Amédée allait faire un gros détachement vers le bas Dauphiné par Les Échelles.

La cavalerie attendue de l'armée du Rhin par la Franche-Comté n'avait pas encore rejoint, pas plus que celle du Languedoc, et on ne pouvait guère espérer la voir arriver avant le 20. La jonction avec M. de Cilly pouvait être rendue impossible, si les ennemis se portaient sur La Tour-du-Pin. Aussi cet officier général reçut-il l'ordre, pour le cas où il serait forcé aux Échelles, de se replier sur Voreppe. Quant aux escadrons fournis par l'armée du Rhin, M. de Damas dut les employer pour couvrir Lyon, dont il était chargé d'organiser la défense.

Cependant l'inaction des ennemis engagea peu de jours après le maréchal à modifier les instructions précédentes en vue de placer cette cavalerie d'une façon plus directe sous son commandement. Il manda à M. de Damas, dès que ses escadrons seraient rassemblés, de se porter à La Tour-du-Pin, à la jonction des routes d'Yenne et des Échelles par Saint-Genix et Pont-de-Beauvoisin. Les chevaux pouvaient vivre facilement dans ce pays.

On n'était qu'au 17 août et déjà l'invasion touchait à son terme. Le duc de Savoie, encore malade, dut quitter l'armée pour aller prendre les eaux d'Aix. Sa cavalerie, à défaut de ressources en fourrages vers Chambéry, s'étendit vers Rumilly et Annecy.

Du côté de la haute Maurienne, M. de La Roque s'était borné à une démonstration ; 500 hommes vinrent occuper Aussois. Ils en furent chassés dans la nuit du 19 au 20 août par M. de Broglie.

Tout faisait pressentir la retraite des troupes du duc de Savoie. Dès ce moment le maréchal songea à prendre sa revanche en gagnant les ennemis de vitesse, de manière à tenter d'enlever Exilles de vive force, avant que le comte de La Roque eût reçu des renforts.

Il développa son plan dans une lettre adressée le 24 août à M. Voisin. Il voulait, en faisant filer des troupes par le petit Mont-Cenis et le col d'Etache, déborder le camp de Saint-Colomban et en déposter M. de La Roque.

A cet effet, il fit préparer 80,000 rations de biscuit, et, pour le cas où il aurait à entreprendre le siège d'Exilles, il s'occupa de réunir des bœufs de trait afin d'amener devant cette place du gros canon tiré de Briançon.

Le 5 septembre, Berwick apprit que les ennemis allaient lever leur camp des Marches. Il envoya 8 pièces longues de 12 à M. Le

Guerchois, qui occupait La Chavanne, pour les canonner pendant leur retraite ; mais ils décampèrent pendant la nuit, afin de ne pas être inquiétés. Il vinrent le 9 s'établir à Saint-Pierre-d'Albigny. Le 10, ils étaient à Conflans.

De la cavalerie, Berwick ne savait rien encore ; il n'apprit que les jours suivants qu'elle se repliait sur Conflans.

Pour la sécurité de son camp de Barraux, il laissa 12 bataillons à M. de Médavi et prescrivit à M. de Cilly de rallier ce camp avec 16 escadrons, après avoir laissé un poste à Yenne. Le reste de l'armée gagna rapidement la Maurienne et campa le 10 à Aiguebelle.

Le 11, le maréchal était en personne à Saint-Étienne-de-Cuines. Après avoir envoyé M. Dillon avec quelques bataillons à Briançon pour renforcer M. d'Asfeld, il donna 11 bataillons au marquis de Broglie avec mission de s'emparer du petit Mont-Cenis, de se rendre maître de la montagne de « la Touille » (ou de « la Taille »)[1], pour prendre à revers le camp de Saint-Colomban et d'entrer immédiatement en communication avec MM. d'Asfeld et Dillon qui, de leur côté, devaient faire une diversion pour favoriser son attaque, M. de Roy, avec les grenadiers et les piquets, était chargé de se mettre en relation avec ces derniers par le col de la Roue. Le reste de l'armée fut échelonné dans la vallée de l'Arc, de Saint-Jean à Bourgneuf. La garde du camp de Barraux fut réduite à 6 bataillons et 6 escadrons, sous les ordres de M. de Cilly.

Le marquis de Broglie partit le 13 de Saint-Martin-d'Arc et alla le même jour camper à Modane.

Le 14, il s'empara des points des Testines et de la Touille, laissant le gros de ses forces entre ce dernier point et le petit Mont-Cenis. Mais, bien que MM. Dillon et d'Asfeld, conformément à l'entente établie, se fussent portés d'abord à Césanne, puis au Puy-de-Pragelas, M. de Broglie ne put entrer en liaison avec eux. Le comte de La Roque conserva sa position de Saint-Colomban, interceptant toute communication entre les uns et les autres ailleurs que par le col de la Roue.

Attaque de la redoute des Quatre-Dents. — La situation com-

---

[1] Voir la carte au 1/100000 du ministère de l'intérieur.

mandait de brusquer les choses. On ne pouvait se flatter d'occuper longtemps les postes de la Touille et des Testines, à cause
du froid, et les renforts attendus par M. de La Roque au plateau
du Mont-Cenis devaient placer dans une situation critique les
troupes de M. de Broglie. Celui-ci, afin de s'ouvrir une communication avec MM. Dillon et d'Asfeld, fit attaquer le 16 au matin
le poste important de la redoute des *Quatre-Dents*.

Cette attaque fut faite d'une façon décousue et ne réussit pas.
L'avant-garde se trompa de chemin. Les 6 compagnies de grenadiers engagées ensuite furent impuissantes à enlever la position.

L'ennemi amena des renforts. Bien que les troupes voulussent
continuer le combat, le marquis de Broglie crut devoir les faire
replier sur les hauteurs de la Touille. Il fit avancer, pour les soutenir, les 10 bataillons de réserve laissés en arrière et les porta
à la Croix du petit Mont-Cenis. On avait perdu dans ce combat
3 officiers et 170 hommes tués ainsi que quelques blessés.

Le marquis de Broglie ne crut pas plus possible de recom-
mencer l'attaque que de garder sa position. Il se retira sur Modane. Cette détermination fut très regrettable, car la diversion
de MM. d'Asfeld et Dillon avait eu un plein succès. Ils s'étaient
postés sur les hauteurs de Chaumont, s'étaient emparés de cette
localité et avaient campé en face des ennemis; ils leur laissèrent
croire, en allumant de grands feux, que le gros de l'armée était
campé là. Le 17 au matin, on les avertit que les canons des Austro-
Sardes avaient été encloués, les retranchements abandonnés avec
précipitation et que les ennemis s'étaient retirés dans la direction
de Suse.

Les troupes du comte de La Roque revinrent bientôt de leur
panique. MM. d'Asfeld et Dillon, à qui la retraite du marquis de
Broglie avait été signalée, jugèrent prudent de ne pas s'engager
plus avant; les ennemis en profitèrent pour revenir avec des renforts et pour réoccuper leurs retranchements.

MM. Dillon et d'Asfeld rétrogradèrent, dans la matinée du 18,
au Puy-de-Pragelas, puis à la Sauze-d'Oulx.

Le maréchal de Berwick dut renoncer à toute nouvelle tentative sur Exilles, car le comte de La Roque pouvait être rejoint en
quelques jours par le gros des forces du duc de Savoie. Il se
borna à prescrire au marquis de Broglie de se mettre en communication avec les troupes du Briançonnais par le col de la Roue.

Il restait 25 bataillons ennemis dans le camp de Conflans, sous le commandement du comte de Thaun. Berwick le fit observer par M. de Cilly qu'il laissa dans la basse Maurienne avec 18 bataillons et 26 escadrons. Barraux ne fut plus occupé que par 2 bataillons. Le maréchal établit son quartier général à Modane. Il fit occuper également Saint-Jean-de-Maurienne, afin de pouvoir à volonté faire passer une partie de ses forces dans le Briançonnais par le Galibier, ou dans la vallée de Bardonnèche par le col de la Roue.

Le camp des ennemis à Conflans fut définitivement levé le 20 septembre. L'infanterie remonta la vallée de l'Isère. La cavalerie se retira partie par la Tarantaise, partie par la vallée de Beaufort. M. de Prade, avec ses escadrons et quelques détachements qu'il eut l'occasion de recueillir, ne put que harceler leur arrière-garde.

La Savoie allait être complètement évacuée. Berwick laissa M. de Cilly en Maurienne, renvoya en Alsace, en Franche-Comté et dans le Languedoc la cavalerie de renfort venue de ces provinces et passa le col de la Roue, les 23 et 24 septembre, pour venir camper à Bardonnèche.

De son côté le duc de Savoie, après qu'une partie de ses troupes eût rallié M. de La Roque, se retira à Turin, laissant le commandement de l'armée au comte de Thaun.

Dès ce moment les opérations importantes de la campagne étaient terminées. Le maréchal gagna la vallée d'Oulx et établit le gros de ses troupes en observation sur le contrefort de l'Assiette, à hauteur du col du Bourget.

Un poste avancé occupait Villar-d'Amont. Le quartier général était à Jouvenceau. Quelques bataillons avec des dragons étaient au col de Sestrières, à Champlas et à Césanne pour garder les derrières de la position.

L'armée eut à repousser un parti de Vaudois qui avait attaqué la droite de sa ligne (4 octobre). Elle se reporta en arrière, de Bousson à Césanne (12 octobre) et, le 14, Berwick la ramena au pont de Cervières.

Entre temps, M. d'Asfeld et M. Le Guerchois avaient levé des contributions dans la vallée de la Maira.

Les troupes furent mises dans leur quartiers d'hiver. Le maréchal revint à Grenoble pour de là gagner Lyon (26 octobre), laissant à M. de Médavi le commandement de la Savoie et du Dauphiné et à M. de Grignan celui de la Provence.

Campagne de 1712.

La campagne de 1712 ne comporte pas de longs développements. L'histoire n'y trouve aucun fait militaire de quelque importance à relever. L'intérêt de la guerre est ailleurs, à la frontière du Nord, où le maréchal de Villars a reçu la difficile mission d'arrêter le prince Eugène et de sauver la France de l'invasion des Impériaux. Sur les Alpes, les deux partis se contentent de s'observer, en sorte que l'étude de cette campagne n'est guère que celle des dispositions prises de part et d'autre.

L'Angleterre s'était, comme on sait, retirée de la coalition, à la suite de la disgrâce de Marlborough. On pouvait croire, malgré les déceptions de l'année précédente, que cet exemple serait imité par le duc de Savoie. Il fallut bien renoncer à cet espoir quand on sut à quel prix Victor-Amédée voulait faire acheter sa neutralité.

Ses prétentions ne visaient à rien moins qu'à la cession du comté de Nice, de la Savoie jusqu'au Rhône, ainsi que du Queyras, du Briançonnais, de Barraux, Goncelin, La Rochette et à la reconnaissance de son droit de succession à la monarchie espagnole, après celui de la maison d'Autriche. Victor-Amédée se faisait illusion sur ses moyens et sur les ressources de son État, et les deux invasions que son armée avait pu faire en Savoie avec l'aide des Impériaux, bien qu'elles fussent restées sans résultats, lui avaient laissé croire qu'il pouvait dicter les conditions les plus exigeantes.

La cour de France ne pouvait s'attarder à discuter de semblables propositions. Aussi, dès le mois d'avril, M. de Médavi fut-il avisé d'avoir à prendre les premières mesures pour la sûreté de la frontière et notamment pour celle du camp retranché de Briançon. De Versailles, le maréchal de Berwick, qui conservait le commandement de l'armée des Alpes, lui ordonna de faire renforcer la garnison de cette place qui ne comptait alors que 10 bataillons et de demander à cet effet 6 bataillons à M. de Grignon, gouverneur de la Provence.

Le maréchal vint se mettre à la tête de ses troupes au milieu de juin. Il arriva à Chambéry le 15. Son armée comprenait 64 bataillons et 29 escadrons.

La prudence lui commanda tout d'abord de pourvoir à la garde des points qu'il craignait plus particulièrement de voir menacés par le duc de Savoie. Il plaça 18 bataillons au pont de Cervières, 19 bataillons en Maurienne et 26 escadrons en Tarentaise.

Le reste fut laissé dans la basse Provence, ou réparti entre les postes de Tournoux, Guillestre, Roux en Queyras.

Victor-Amédée ne se pressait pas, et pour cause, d'entrer en opérations. La coalition lui enlevait tout moyen d'action offensive, en lui demandant de prélever sur ses propres troupes un contingent destiné à être envoyé aux Pyrénées. Berwick profita du répit qui lui était laissé pour visiter la Savoie, la région d'Annecy et les Bauges, et ensuite la plaine vers le Rhône. Puis, devant l'inaction persistante du duc de Savoie, il résolut de changer d'attitude et de réoccuper le massif de l'Assiette, d'où il pourrait tenir en échec — comme il avait pu en juger dans la campagne précédente — tous les rassemblements de troupes que l'ennemi pourrait faire dans les vallées de Suse ou de Pragelas.

Après avoir pris toutes les précautions pour ne pas laisser deviner son projet à Victor-Amédée, il fit passer le col de la Roue aux troupes de la Savoie pendant que celles du Briançonnais traversaient le mont Genèvre (11 et 12 juillet.) Six bataillons seulement restèrent en Maurienne et en Tarentaise. Des postes furent échelonnés sur les routes du mont Genèvre et du col de l'Échelle (Champlas, Césanne, etc.).

Déduction faite de ces détachements, le maréchal conservait sous son commandement immédiat 36 bataillons. Il prit position à hauteur du col du Bourget et forma deux camps : l'un occupant le versant ouest de l'Assiette, depuis la Sauze d'Oulx jusqu'à Côte plane, l'autre établi au Duc en Pragelas et tenant le versant Est.

Le duc de Savoie avait la majeure partie de ses forces en face du maréchal, à Saint-Colomban, à Exilles et à Suse (42 bataillons).

Vainement Victor-Amédée essaya d'en imposer à Berwick par de fausses démonstrations dans la vallée de la Stura. Le maréchal savait la position de Tournoux gardée de telle façon qu'il n'eût pas à s'inquiéter de cette diversion. Il resta dans son camp.

Dans les derniers jours de juillet, on apprit la nouvelle de la victoire remportée le 24, à Denain, par Villars sur le prince Eugène. Tandis que le duc de Savoie se voyait tenu encore à plus de circonspection, Berwick s'en prévalut pour devenir plus entreprenant et envoyer des partis lever des contributions et réquisitionner des fourrages vers Saluces et Demonte.

Peu de temps auparavant, les ennemis avaient fait une incursion dans la haute Maurienne et, après avoir conduit les syndics des communes à Suse, les avaient obligés à prendre l'engagement de leur livrer 120,000 rations de fourrages au grand Mont-Cenis. Le maréchal de Berwick sut réduire à néant ces engagements. Il fit à son tour enlever tous les syndics ainsi que les principaux habitants de toutes les localités de la Maurienne, depuis Modane jusqu'à Bessans et retenir les uns et les autres jusqu'à ce que tous ceux qui avaient donné leur signature pour la livraison de fourrages aux troupes du duc de Savoie se fussent rétractés.

La campagne touchait à sa fin. Après les courses dont il vient d'être parlé, dans les vallées du Pô, de la Vraita et de la Stura, la cavalerie fut renvoyée en Savoie, d'où l'on en expédia la majeure partie dans la Flandre et sur le Rhin.

On était aux premiers jours d'octobre. L'armée ennemie prenait ses quartiers d'hiver. Le maréchal de Berwick fut autorisé par la Cour à mettre la sienne dans ses cantonnements. Il quitta ses troupes le 10 octobre, en laissant le commandement des provinces aux officiers généraux qui l'avaient déjà exercé auparavant.

L'année suivante, la paix était signée à Utrecht, et, grâce aux vaillants efforts de nos armées pendant la dernière période de cette longue guerre, notre frontière des Alpes échappait aux convoitises du duc de Savoie. Il est vrai que celui-ci recevait une double satisfaction : l'Espagne lui cédait la Sicile et les puissances lui reconnaissaient le titre de roi.

En exposant avec quelque développement les deux campagnes de 1709 et de 1711, nous avons pensé qu'il y avait un intérêt historique à présenter, dans le détail, tout le système de guerre qu'elles caractérisent. On a pu voir comment le maréchal de Berwick y appliqua sa doctrine des navettes, qui a fait autant pour sa réputation militaire que ses succès en Espagne.

Il nous a semblé, du reste, qu'en dehors de cette conception originale à laquelle Berwick a attaché son nom, les campagnes du maréchal méritent encore de retenir l'attention à plus d'un titre.

Elles ont été les premières à montrer toute la valeur des importantes positions militaires, devenues classiques depuis, de Valloire, des Bauges, de Tournoux, de Guillestre.

Par le soin qu'il eut de s'assurer de bonnes communications et des chemins faciles, Berwick a fait sentir le prix que l'on doit attacher à la mobilité des troupes en pays de montagnes.

On a pu noter également l'art avec lequel il sut être renseigné à propos sur les mouvements de l'ennemi, le souci qu'il eut d'en conserver le contact et de s'éclairer sur ses intentions.

Enfin, la fermeté et l'esprit de décision dont le maréchal fit preuve en différentes occasions, ne sont pas les sujets d'observation les moins instructifs que nous offre cette brillante personnalité militaire. Nous avons vu dans quelles difficiles circonstances Berwick fut mis à la tête de l'armée des Alpes. Il lui fallut les plus hautes qualités de commandement pour la relever de son état de détresse, pour la faire vivre d'abord, et lui redonner confiance ensuite.

Les enseignements multiples qui se dégagent ainsi de l'étude des deux campagnes de 1709 et de 1711 offrent assez d'intérêt pour masquer, dans une certaine mesure, l'allure un peu uniforme et le défaut d'imprévu qui, pour des raisons facilement explicables, dominent la conduite générale des opérations de part et d'autre. Berwick était tenu à la prudence. Ni la nature de sa mission, ni ses ressources ne lui permettaient de se risquer dans des combinaisons audacieuses et variées. Quant au duc de Savoie, il restait dans les principes de guerre de cette époque en n'aventurant pas son armée loin de ses magasins et de ses frontières. Il en est résulté que le développement mal assuré et inachevé de son offensive nous laisse en face d'un point d'interrogation et qu'on ne peut dire s'il a manqué de moyens ou de résolution pour tenter de pousser son invasion jusqu'au Rhône.

Voici du reste en quels termes M. le général Borson, l'éminent auteur de l'ouvrage déjà cité : *Étude sur la frontière du Sud-Est,* formule, avec l'autorité qui s'attache à sa haute compétence, son appréciation sur les campagnes dont il s'agit :

« Elles ont cela de particulier, dit-il, que les opérations des deux adversaires y ont presque la régularité d'une manœuvre dont le programme a été tracé à l'avance, et à ce point de vue, elles servent à faire ressortir les avantages tactiques des positions importantes de la Savoie, telles que Valloire, Conflans, Montmélian, les Bauges et Barraux.

« Elles ne présentent, d'autre part, aucun fait d'armes important et montrent combien on était restreint à cette époque, et combien on jugeait dangereux de s'éloigner de sa base d'opérations. »

Nous avons essayé d'esquisser plus haut les traits saillants des deux campagnes de 1709 et de 1711. Les observations que nous venons de citer en fixent la portée exacte et le vrai caractère.

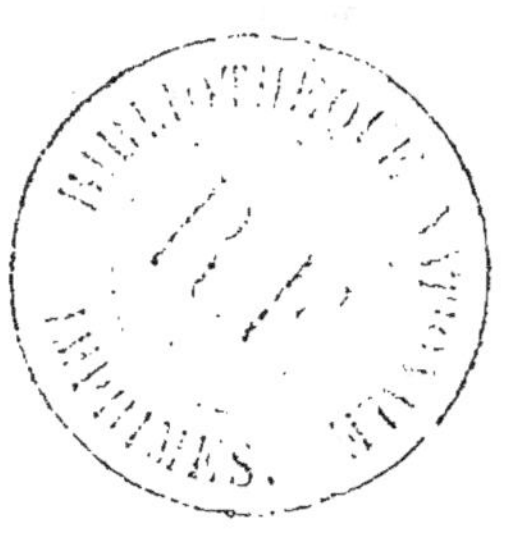

Paris. — Imprimerie L. BAUDOIN, 2, rue Christine.